Leo Friess

Neukaledonien

Nach seiner Natur, Geschichte und Bedeutung

weitsuechtig

Leo Friess

Neukaledonien

Nach seiner Natur, Geschichte und Bedeutung

ISBN/EAN: 9783956560989

Auflage: 1

Erscheinungsjahr: 2013

Erscheinungsort: Bremen, Deutschland

@ weitsuechtig in Access Verlag GmbH. Alle Rechte beim Verlag und bei den jeweiligen Lizenzgebern.

weitsuechtig

Neucaledonien.
Nach seiner Natur, Geschichte und Bedeutung.

Inaugural-Dissertation

zur

Erlangung der Doktorwürde

der

hohen philosophischen Fakultät

der

Rheinischen Friedrich-Wilhelms-Universität zu Bonn

vorgelegt am 10. August 1905

von

Leo Friess
aus Rufach.

Bonn,
Carl Georgi, Universitäts-Buchdruckerei und Verlag.
1905.

Meiner Mutter

und

dem Andenken meines Vaters.

Inhalt.

	Seite
I. Einleitung	7
II. Geschichte	9
III. Lage und Oberflächengestalt Neucaledoniens	14
Riffbildungen	32
Klima	39
IV. Bedeutung Neucaledoniens	54
1. Politisch-militärische Bedeutung	56
2. Handelspolitisch-kommerzielle Bedeutung	68
a) Mineralische Bodenschätze	70
b) Produkte der Landwirtschaft und der Viehzucht	101
c) Meeresprodukte	114
Gesamthandel Neucaledoniens	119
3. Zivilisatorische Bedeutung	122
a) Die Deportation	127
b) Die Transportation	137
c) Die Relegation	145
V. Literatur	160

I. Einleitung.

Im Jahre 1903 waren 50 Jahre verflossen, seitdem die Insel Neucaledonien mit ihren Dependenzen in den Besitz Frankreichs überging[1]). Anlässlich dieses bedeutsamen Ereignisses schrieb damals der Moniteur officiel[2]): „La prise de possession a eu pour but d'assurer à la France dans le Pacifique la position que réclamaient les intérêts de la marine militaire et commerciale, et les vues du gouvernement sur le régime pénitentiaire: position que ne lui donnait ni l'occupation du petit archipel des Marquises, ni le protectorat des îles de la Société. La Nouvelle-Calédonie est un excellent point d'appui; mais on ne connaît pas encore assez sa valeur pour tirer parti de ses ressources agricoles et minérales, ou y jeter les premiers fondements d'un pénitencier."

---

1) Aus Anlass des 50jährigen Gedenktages der Annektion war Nouméa, die Hauptstadt der Insel, der Schauplatz grossartiger Jubiläumsfeierlichkeiten, die 9 Tage dauerten. Als Zeichen herzlicher Freundschaft hatten die Commonwealth of Australia eine sinnige Adresse übersandt, worin der gegenseitigen friedlichen Beziehungen rühmend Erwähnung geschah. Die Regierung Australiens liess sich bei den offiziellen Festlichkeiten durch einen Delegierten, Major Roth, vertreten. (Le cinquantenaire de la prise de possession de la Nouvelle-Calédonie — La Dépêche coloniale illustrée, 1904, Nr. 21.)

2) A. Bernard, L'archipel de la Nouvelle-Calédonie, Paris 1895, p. 327.

Damals freilich, bei der Besitzergreifung, konnte man noch wenig den realen Wert dieses herrlichen Eilandes würdigen. Sollte es nur eine Bürde, eine finanzielle Last für das Mutterland bilden und als militärische Station im fernen Osten dienen? Das waren Fragen, deren Lösung offen stand, ungewisse Kulturprobleme, die der Verwirklichung harrten. Im heutigen Zeitpunkte jedoch, wo die Resultate einer 50jährigen Kolonisation vor uns liegen, dürfte es keineswegs als ein Wagnis erscheinen, den historischen Werdegang und kulturellen Aufschwung dieser Kolonie zu skizzieren, ihr gleichsam das Horoskop für die ferne Zukunft zu stellen und in Würdigung der Tatsachen uns ein getreues Bild ihres Wertes und ihrer Bedeutung zu entwerfen. Von einem dreifachen Gesichtspunkte kann die Kolonie betrachtet werden: Vom politisch-militärischen, vom kommerziellen und vom kolonisatorischen Gesichtspunkte, und in dieser dreifachen analogen Bedeutung wird sie uns entgegentreten.

Eine allgemeine geographische Orientierung über die Lage und Beschaffenheit der Insel wird diesen Fragen vorausgehen, da nämlich eine erschöpfende Darstellung der Bedeutung dieselbe als unerlässlich erscheinen lässt und manche Voraussetzungen diesbezüglicher Art liefern dürfte.

Für uns Deutsche haben diese Erörterungen und Ausführungen ein besonderes, wenn auch nur rein historisches Interesse. Rufen sie uns doch ins Gedächtnis das Kolonialprojekt eines Dr. Lang[1] vom Jahre 1848, das auf die Gründung einer deutschen

---

[1] Dr. Lang, Eine deutsche Kolonie im Stillen Ozean, Leipzig 1848. — Bernard, p. 325.

Kolonie in Neucaledonien abzielte. Dieser genannte Dr. Lang, der lange Zeit in Australien gelebt hatte, befürwortete seinen Plan durch die Absendung einer Adresse an die Mitglieder des Frankfurter Parlamentes und suchte dieselben für seine Ideen zu gewinnen. Doch vergebens, seine Worte und Vorstellungen verhallten in jener stürmischen Zeit, die für Kolonialfragen noch wenig reif war.

II. Geschichte.

In engem Rahmen bewegt sich die Geschichte der neucaledonischen Inselgruppe. Denn erst spät ist sie am Horizont derselben aufgetaucht und eingetreten in den Kreis der Entdeckungen als eine der letzten grösseren Inseln des Weltmeeres, deren Erforschung keine geographischen Hindernisse und Schranken erschwerten. Entdeckt wurde Neucaledonien durch den berühmten englischen Seefahrer Cook[1]), welcher auf seiner zweiten Reise, am 4. September 1774, im Nordosten der Insel in der Nähe von Balade anlegte und ihr den Namen New-Caledonia beilegte. Die Wahl dieses Namens dürfte wohl erfolgt sein mit Rücksicht auf die steilen, zerrissenen Küsten, die mit denjenigen

---

1) James Cook, geb. am 28. Oktober 1728 zu Marton (Yorkshire), gest. auf Hawai am 14. Februar 1779. — Erforschungsgeschichte Australiens und Ozeaniens mit einer Karte der Entdeckungsreisen in Ozeanien. — Sievers-Kükenthal, Australien, Ozeanien und Polarländer, II. Aufl., Leipzig u. Wien 1902, p. 4.

von Nord-Schottland, das von den Römern Caledonia genannt wurde, eine gewisse Ähnlichkeit aufwiesen [1]).

Auf der Fahrt längst der Ostküste der Insel, entdeckte Cook weiter am 26. September die Ile des Pins (Pinien- oder Fichten-Insel), die im Südosten von Neucaledonien gelegen ist. Als Vorläufer Cooks kann der von letzterem in seinem Werke öfters zitierte französische Seefahrer Bougainville [2]) gelten, welcher nach den Aufzeichnungen seines Tagebuches eine dunkle Ahnung von dem Eilande gehabt zu haben scheint. Dieser hatte nämlich, von den Salomoninseln und Neuhebriden nach Süden steuernd (1768), an Bord verschiedene losgerissene Zweige und Baumstämme wahrgenommen, woraus er auf die Nähe einer Insel schloss [3]).

In der Folgezeit wurde die wissenschaftliche

---

1) J. Egli, Nomina geographica, Leipzig 1893, p. 162. — Pauly-Wissowa, Real-Enzyklopädie des klassischen Altertums, III. Bd., p. 1347. — Ritter's geographisch-statistisches Lexikon, VI. Aufl., Leipzig 1874.

2) Bougainville (Louis Antoine de), berühmter französischer Seefahrer, geb. 11. Nov. 1729 zu Paris. Seit 1756 in Kanada Adjutant des Generals Montcalm, hatte er 1759 Verstärkung aus Europa zu holen und leitete nach dem Tode Montcalms den Rückzug von Quebec. 1763 ging er als Fregattenkapitän nach den Falklandinseln und erhielt dann den Auftrag, als Kommandant der Fregatte Boudeuse und der Korvette Etoile, begleitet von Naturforschern, Astronomen und Zeichnern, eine Reise um die Erde zu machen, die erste von Franzosen ausgeführte. Er segelte 15. Dezember 1766 von St. Malo ab, durch die Magelhaensstrasse über die Samoainseln, die Hebriden, Neuguinea, die Molukken und Batavia und kam 16. März 1768 in St. Malo wieder an. Im amerikanischen Freiheitskriege führte B. einen Teil der französischen Hilfsflotte. Er starb zu Paris am 31. August 1811.

3) Bernard a. a. O. S. 307.

Erforschung und Erschliessung des Landes durch mehrere französische Expeditionen in die Wege geleitet, von denen an erster Stelle die unter der Führung von Lapérouse[1]) in den Jahren 1785 bis 1788 unternommene zu erwähnen ist. Unter anderem sollte Lapérouse die bis dahin fast gänzlich unbekannte Westküste der Insel aufnehmen. Eine Bereicherung und Förderung der geographischen Kenntnisse von der Insel, wie man allgemein gehofft hatte, brachte

---

1) Lapérouse (Jean François de Galaup, comte de), französischer Seefahrer, geb. 22. Aug. 1741 zu Gô bei Albi, unternahm 1764—68 grosse Seereisen, diente im Kriege gegen England 1778 mit Auszeichnung und zerstörte 1782 die englischen Besitzungen an der Hudsonbai. Von Ludwig XVI. mit einer Entdeckungsreise um die Welt beauftragt, verliess er Brest am 1. August 1785 mit 2 Fregatten: La Boussole und L'Astrolabe, umsegelte Amerika, entdeckte an der äussersten Nordwestküste den Port des Français und landete, nach kurzem Aufenthalt auf den Sandwichinseln, im Februar 1787 zu Manila, von wo er seine Fahrt nach den nordöstlichen Küstenländern Asiens richtete. Er machte hier wichtige Entdeckungen zwischen den japanischen Inseln und Korea und gelangte nach Durchfahrt der nach ihm benannten Meeresstrasse zwischen Sachalin und Jesso nach Kamtschatka. Von der Avatscha-Bucht aus (Petropawlowsk) sandte er den jungen Leutnant De Lesseps mit Nachrichten und wissenschaftlichem Material über Sibirien nach Frankreich. Durch widrige Winde an der Erforschung der Kurilen verhindert, steuerte er nach Süden und gelangte nach Besuch der Samoainseln, am 26. Januar 1788, in die Botany-Bai (Neusüdwales), wo er mit dem ersten Gouverneur der Kolonie Neusüdwales Arthur Phillip zusammentraf. Von diesem Orte datieren seine letzten Briefe (7. Februar 1788). Seitdem war er verschollen. Erfolglos ward 1791 d'Entrecasteaux von der französischen Nationalversammlung ausgesandt, um nach dem Verbleib Lapérouse's zu forschen. Erst 1826 gelang dem britischen Kapitän Dillon und nach ihm Dumont d'Urville 1828 der Nachweis, dass das Schiff von Lapérouse an den Riffen von Wanikoro in der Santa-Cruz-Gruppe gescheitert sei.

diese Reise jedoch keineswegs. Ja, es scheint sogar fraglich, ob er die Insel wirklich erreicht hat.

Zur Aufsuchung der Spuren des verschollenen Lapérouse wurde im Jahre 1791 eine neue Expedition unter Führung des Admirals D'Entrecasteaux[1]) und des Kapitäns Huon de Kermadec ausgesandt. Diese Expedition begleiteten die Gelehrten Labillardière und Beautemps-Beaupré, welche sich viele Verdienste um die wissenschaftliche Erforschung Neucaledoniens erwarben. Am 16. Juni 1792 kam die île des Pins in Sicht. Nach Westen steuernd, fuhr die Flotille längs der Riffküste nach Norden bis zum Entrecasteaux-Riff und legte nach langem vergeblichem Suchen nach Lapérouse am 17. April 1793 in Balade an. Um dieselbe Zeit wurde die Insel auch von englischen Seefahrern besucht, u. a. von den Kapitänen Hunter und Kent, von denen der erstere im Jahre 1791 das Südende des Riffes entdeckte, der letztere im Jahre 1793 den Hafen von St. Vincent ausfindig machte. Aber ungeachtet all dieser erfreulichen Ergebnisse war die Entdeckung und die Erforschung der neucaledodonischen Inselwelt keineswegs vollendet.

Auf seiner ersten Reise entdeckte Dumont d'Urville[2]), dem auch als Hauptziel die Auffindung von

---

1) Entrecasteaux (Joseph Antoine Bruni, chevalier d'), geb. 1739 zu Aix (Provence). Seit 1786 war er Kommandant der in den indischen Gewässern stationierten Flotte. Von der französischen Nationalversammlung 1791 zur Aufsuchung der Spuren des verschollenen Lapérouse ausgesandt, starb er während der Fahrt in der Nähe von Java 20. Juli 1793.

2) Dumont d'Urville (Jules Sébastien César), französischer Seemann, geb. 23. Mai 1790 zu Condé-sur-Noireau, nahm 1819 und 1820 an der Expedition nach den Küsten des Griechischen Archipels und des Schwarzen Meeres teil und machte 1822—25 unter Kapitän Duperrey seine erste Reise um die Welt. Bei

Lapérouse vorschwebte, die Loyalty-Gruppe, im Osten von Neucaledonien gelegen, am 15. Juni 1827. Die wissenschaftlichen Ergebnisse dieser Fahrt ergänzte er dann auf seiner dritten Reise im Jahre 1840. Mit Dumont d'Urville erreichte die Entdeckungsgeschichte Neucaledoniens ihren Abschluss. Es begann von diesem Zeitpunkte an bis 1853 die Periode der Missionierung, die die formelle Besitzergreifung vorbereitete und einleitete. Die nähere Veranlassung zur Annektion gab ein hinterlistiger Überfall der Eingeborenen auf die Expedition d'Harcourts im Jahre 1850, wobei zahlreiche französische Soldaten ihr Leben einbüssten. Hiermit war der günstigste Zeitpunkt zu einer Annektion gegeben, wozu sich auch die französische Regierung rasch entschloss. Vollzogen wurde die Besitzergreifung durch den Admiral Febvrier-Despointes, der am 24. September 1853 die französische Flagge auf der Insel hisste[1]), angeblich zur Unter-

---

der zweiten auf dem Astrolabe 1826—29 und der dritten auf der Zélée 1837—40 führte er das Kommando selbst. Grosse Verdienste erwarb er sich durch Aufsuchung der Spuren des verschollenen Lapérouse, durch Aufnahme grosser Küstenstrecken von Neuseeland und Neuguinea, Entdeckung zahlreicher Inseln und antarktischer Länder, durch Forschung der Torres- und der Cookstrasse und Erweiterung der ozeanischen Naturgeschichte. Er starb am 8. Mai 1842.

1) Das denkwürdige Schriftstück hat folgenden Wortlaut: Ce jourd'hui, samedi, 24 septembre mil huit cent cinquante-trois, à trois heures de l'après-midi.

Je soussigné, Auguste Febvrier des Pointes, contre-amiral, commandant en chef des forces navales françaises dans la mer Pacifique, agissant d'après les ordres de mon gouvernement, déclare prendre possession de l'île de la Nouvelle-Calédonie et de ses dépendances, au nom de Sa Majesté Napoléon III., Empereur des Français.

En conséquence, le pavillon français est arboré sur ladite

stützung der Bekehrungsversuche, wohl aber aus Eifersucht auf die rasch aufblühenden englischen Kolonien Australiens.

Im Jahre 1860 (14. Juli) wurde diese Kolonie nebst ihren Dependenzen, wozu auch die Wallisinseln gerechnet werden, von französisch Ozeanien losgelöst und zu einem selbständigen Kolonialbezirk erhoben. Nachdem sodann die Inselgruppe durch Dekret vom 22. September 1863 als Strafkolonie bestimmt ward, wurde sie 1872 (23. März) als Deportationsort und 1885 (27. Mai) als Station für die Relegation ausersehen, wie wir des nähern noch später eingehender sehen werden.

III. Lage und Oberflächengestalt.

Zwischen 163° und 167° O. und 17° und 23° S.B. erhebt sich auf der südlichen Hemisphäre, westlich vom australischen Kontinent, über einer 2000 m tiefen

---

île (Nouvelle-Calédonie) qui, à compter de ce jour, vingt-quatre septembre mil huit cent cinquante-trois, devient, ainsi que ses dépendances, colonie française.

Ladite prise de possession est faite en présence de M.M. les officiers de la corvette à vapeur le Phoque et de M. M. les missionnaires français qui ont signé avec nous. Fait à terre, au lieu dit Balade (Nouvelle-Calédonie), les heures, jour, mois et an que dessus.

Signé: Rougeyron, E. de Bovis, A. Barazer, A. Cany, A. Amet, Butteaud, P. Muller, L. de Marcé, L. Candeau, Mallet, L. Deperiers; Forestier, et J. Vigouroux, prêtres missionnaires.
   Le contre-amiral commandant en chef,
   Signé: F. des Pointes.
(La dépêche coloniale illustrée, p. 270. 1904.)

Schwelle zwischen dem 4000 m tiefen Hebridenbecken und einer 3000—4000m tiefen Rinne, die von Neuseeland nordwestlich zieht, die Insel Neucaledonien mit einer Reihe von kleinen Nebeninseln, die zusammen als Neucaledoniengruppe bezeichnet werden. Zuweilen wird diese zu Melanesien gehörende Inselgruppe auch Kolonialbezirk Neucaledonien oder caledonischer Archipel genannt. Die Hauptinsel Neucaledonien, auch „Grande Terre" genannt, liegt zwischen 20,5° (Néréma Point) und 22,24° S.B. (Cap N'doua) und 161,40° (Pointe de Poumé) und 164,41° O. (Baie de Goro).

Dieser Archipel, der zwei, ziemlich parallel laufende Inselreihen umfasst, die durch einen 80 km breiten Kanal von einander getrennt sind, bildet ein geographisches Ganzes. Die östliche Reihe dieser Inselgruppe besteht aus den drei Koralleninseln der Loyaltygruppe[1]) (öfters auch Loyauté-Inseln genannt): Ouvéa, Lifou und Maré, mit einem Areal von 1960 qkm. Diesen sich anschliessend liegt in nördlicher Richtung das Astrolaberiff und das Pétrieriff, in südlicher Richtung das Durandriff und die Insel Walpole. Die westliche Inselreihe wird gebildet durch die Hauptinsel, d. h. Neucaledonien im engeren Sinne mit ungefähr 16250 qkm Areal. Die ziemlich gleichmässige Breite der Hauptinsel beträgt im Durchschnitt 45 km, ihre Länge 392 km. Dieser Insel reiht sich im Norden an die Belepinsel und das grosse Riff (Grand Récif), das sich bis zu den Huoninseln[2]) erstreckt, in einer Gesamtausdehnung von 600 km. Im Süden schliesst sich an

---

1) Diese Inseln erhielten angeblich ihren Namen von der Loyalität ihrer Bewohner. — Legrand, La Nouvelle-Calédonie et ses habitants, Paris 1893, p. 197.

2) Die Huon-Inseln wurden benannt zu Ehren des Kommandanten Huon de Kermadec. — Legrand p. 149.

die Hauptinsel die île des Pins (Fichteninsel oder Kunie I.) und die Banc de la Torche an. Weiter westlich ausserhalb der beiden Inselreihen, fast in mittlerer Entfernung vom australischen Festland und Neucaledonien gelegen, ragen aus dem Meere die kleinen Chesterfield-Inseln [1]) empor, die seit 1878 zu Neucaledonien gehören.

Das Gesamtareal des Archipels, wozu politisch auch die im Norden der Fidschiinseln gelegene Wallisgruppe gerechnet wird, beträgt ungefähr 19 663 qkm, was etwa der Grösse des Königreichs Württemberg mit 19 517 qkm entspricht [2]), oder der doppelten Grösse Korsikas (8722 qkm), oder dem Areal von drei französischen Departements (6200 qkm) [3]). Im Laufe unserer Erörterungen wird wohl meist nur von der Hauptinsel die Rede sein, da auf ihr wegen des grossen Areals von 16 250 qkm das Schwergewicht unserer Arbeit ruht [4]).

Was bei flüchtiger Betrachtung der Karte sofort auffällt, ist die grosse Isolierung Neucaledoniens. In

---

1) Die Entdeckung der Chesterfield-Inseln fällt in das Jahr 1749. Ihren Namen leiten sie von dem Schiffe des Entdeckers ab. Nach der Entdeckung des Guano durch einen Engländer im Jahre 1877, beauftragte der Gouverneur Olry den Kapitän Guyon diese Gruppe zu annektieren. — Legrand p. 150.

2) Scobel, Geographisches Handbuch, Bielefeld und Leipzig 1902.

3) Wagner, Lehrbuch der Geographie, VII. Aufl., Hannover und Leipzig 1903, I. Bd., p. 753.

4) Scobel, p. 859, gibt das Areal Neucaledoniens, d. h. der Hauptinsel, zu 17 100 qkm und das der Loyalty-Inseln zu 2900 qkm an. — Bei Sievers, II. Aufl., p. 324, kommen von dem Gesamtareal 19 824 qkm 16 712 qkm auf die Hauptinsel, 3111 qkm auf die Loyauté-Inseln und 0,8 qkm auf die Chesterfieldgruppe.

annähernd gleicher Entfernung ist die Insel von Australien (1445 km), Neuseeland (1555 km) und Neuguinea (1775 km) gelegen. Bemerkenswert ist ferner die Gliederung und Form der Insel, die einer Ellipse ähnelt mit einer Längsachse von 400 km und einer mittleren Breite von 40—50 km: eine Form, die wir bei manchen Inseln beobachten können, z. B. Timor, Java, Kreta.

Die Richtung der Insel von N.W. nach S.O., verläuft parallel zur Küste von Queensland und den Salomoinseln, zu dem südlichen Teil von Neuguinea und der Küste von Auckland (im Norden von Neuseeland); aber noch eine andere Richtung können wir bei der Lagerung der Südseeinseln wahrnehmen, nämlich die von S.W. nach N.O., eine Richtung, die angedeutet wird durch die Ostküste Australiens, durch Neuseeland, die Kermadek- und die Toga-Inseln. Durch die Verbindung dieser beiden Richtungslinien kommen wir erst zu einem vollen Verständnis von der eigentümlichen Lage und dem System dieser Inselwelt.

Neucaledonien erscheint so als ein Glied jener grossen Inselnguirlanden, die den asiatischen und australischen Erdteil umsäumen, von denen die Leitlinien der Struktur sehr leicht konvex dem Ozean zugekehrt sind. Die erste Inselreihe wird gebildet durch: Neuseeland, Neucaledonien, Neuguinea; die beiden anderen durch: Neuseeland, die Tonga-, Fidschi-Inseln, Neuhebriden, Salomoinseln, Neuguinea und durch die Tonga-, Ellice-, Gilbert-, Marschall-Inseln, die Karolinen nnd die Palaos-Inseln. Ein doppelter Inselbogen bekränzt, wie Supan[1]) bemerkt, die ostaustralische Tiefsee. Neu-Mecklenburg, die Salomo-

---

1) Supan, Grundzüge der physischen Erdkunde, III. Aufl. Leipzig 1903, p. 676. — Sievers, II. Aufl., p. 34.

inseln und die Neuhebriden bilden den äusseren, das Hochgebirge Neuguineas, Neucaledonien und Neuseeland den inneren Bogen, der mit dem ostaustralischen Gebirge nahezu parallel verläuft, aber im Gegensatz zu ihm aus jungen Falten besteht.

Neucaledonien wird zu den selbständigen Kontinentalinseln gerechnet, die durchweg von Gebirgserhebungen durchzogen sind, und zwar hat sie als randständige Längsinsel zu gelten, deren Körper aus dem System eines Faltenzuges derart herausgeschnitten ist, das die Streichungsrichtung mit der Längsachse der Insel übereinstimmt[1]). Diese randständige Kontinentalinseln bilden, wie von Richthofen bemerkt, in bogenförmiger Anordnung die über das Meer aufragenden Aussenränder der Kontinentalmassive, entsprechen den bogenförmigen Faltungsgebirgen und tragen im grössten Teile ihres Verlaufes Vulkane. Hierher gehören der Ostasiatische und Ostaustralische Inselbogen[2]).

Diese Ansichten und Theorien, die ein flüchtiger Blick auf die Karte plausibel erscheinen lässt, werden gestützt und gefestigt durch die Meerestiefen der die Insel umgebenden Wasserflächen in den verschiedenen Becken des Ostaustralischen Randmeeres, welche den geologischen und orographischen Bau der versunkenen Ländermassen in hellerem Lichte erscheinen lassen. Hier hat vor allem die Tiefseeforschung der letzten Dezennien, wiewohl sie begreiflicherweise noch manche Lücken aufzuweisen hat, auffallende und interessante Resultate zu Tage gefördert[3]). Während

---

1) **Wagner**, Lehrbuch der Geographie, I. Bd., p. 441.
2) F. v. **Richthofen**, Führer für Forschungsreisende, Berlin 1886, p. 386.
3) Für unsere Gebiete kommen die Lotungen in Betracht,

die grösste Tiefe zwischen der Hauptinsel und der Pinieninsel zu 89 m gelotet wurde, wachsen die Tiefen beträchtlich gegen Osten nach der Seite der Loyalty-Inseln hin. Hier fand man Tiefen von 2100 m. Über die Pinien-Insel hinaus fällt die Meerestiefe auf 841 und 883 m, ja sogar auf 1300—1800 m in der Nähe der Walpol-Insel[1]). Auf Grund reichhaltigen Materials gelangt Supan[2]) zu folgenden Annahmen in bezug auf das Ostaustralische Randmeer. „Morphologisch", so führt er aus, „müssen wir zu den Randmeeren auch das Ostaustralische rechnen, obwohl es wegen der insularen Zersplitterung der Randmassen oberflächlich ganz mit dem offenen Ozean verschmilzt. Über seine Bodengestaltung sind wir, dank der englischen Vermessungen in den letzten Jahren, besser unterrichtet, als über irgend ein anderes pazifisches Randmeer. Von Neuseeland gehen zwei Rücken aus: 1. Nach N.N.O. der Tonga-Rücken, der die Kermadek-Inseln, die Tonga- und die Fidschi-Gruppe trägt, auf weite Strecken hin über 2000 m ansteigt, in $27^1/_2^0$ S. aber einen bemerkenswerten Einschnitt von 3016 m Tiefe zeigt. — 2. Nach N.N.W. ein reichgegliederter Rücken, den wir nach seiner bedeutendsten Insel den Neucaledonischen nennen wollen und der in seinem nördlichsten Ausläufer bis zur Rennell-Insel in $11^1/_2^0$ S.

---

die im Ostaustralischen Randmeere nach verschiedenen Richtungen hin gemacht wurden. Eingeleitet wurden diese Arbeiten durch die Challenger Expedition (1874), sodann weitergeführt durch die Expedition der „Gazelle" 1875, „Tuskarora" 1876, „Bruat" 1884, „Egeria" 1888, „Dart" 1888, „Fasana" 1890, „Penguin" 1895, 1896, 1898. — Peterm. Mitteil., Tiefseeforschungen 1892, 1899, 1900. — Geographisches Jahrbuch 1895, 1897, 1899, 1903.

1) Bernard, p. 15, 17.
2) Supan, Die Bodenformen des Weltmeeres, Peterm. Mitteil. 1899, p. 177. — Sievers, II. Aufl., p. 38.

reicht. Von den Chesterfield-Inseln zweigt sich der Queensländische Riffrücken zur York-Halbinsel ab und trennt die Ostaustralische Bucht, die mit dem Indischen Becken zusammenhängt, vom Korallenbecken ab[1]). Zwischen dem Tonga- und dem Neucaledonischen Rücken stellt die Fidschi-Schwelle mit der Hunter-Insel zwischen Fidschi und Neucaledonien eine Verbindung her und bildet die nördliche Umrahmung des Fidschi-Beckens, das sich bis 5300 m einsenkt. Im N.W. zeigt die Karte den Hebriden-Rücken, der von der Fidschi-Schwelle über die Neuen Hebriden und die Sta. Crux-Inseln nach den Salomonen hinüberzieht und damit das Korallen- und Hebriden-Becken isoliert.

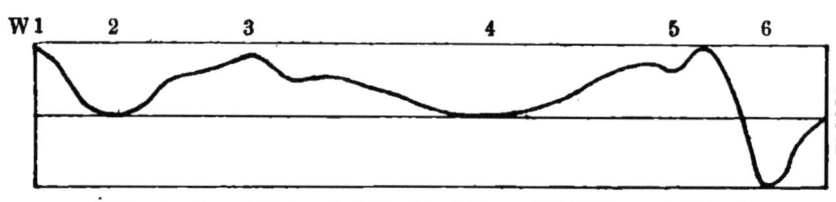

1. Australien. 2. Ostaustral. Bucht. 3. Neucaled. Rücken. 4. Fidschi-Becken. 5. Tonga-Rücken. 6. Kermadec-Graben (9427 m).

Ostaustralisches Randmeer.

Leider sind auf dieser ganzen Strecke die Lotungen dürftig, ja gerade an der entscheidenden Stelle, von Espritu Santo bis Bauro, fehlen sie ganz. Trotzdem glauben auch wir hier einen Riegel annehmen zu

---

1) Das Korallenmeer oder die Melanesian-See: östlich vom Australischen Erdteil, bis zu den Salomo-Inseln, den Neuhebriden, Neucaledonien und S.O. von Neuguinea, mit einer Maximaltiefe von 4850 m, ist von einem zerbrochenen Barrierriff in einer Tiefe von 2470 m vom offenen Ozean abgeschlossen. — V. Boguslawski, Handbuch der Ozeanographie, 2. Bde., Stuttgart 1884, I. Bd., p. 111.

müssen, um die gleichmässig hohe Bodentemperatur von ungefähr 2^0 im Korallen- und Hebriden-Becken zu erklären. Die älteren Beobachtungen des „Challenger" und der „Gazelle" sind durch die neueren des „Penguin" u. a. völlig bestätigt worden, und wir besitzen jetzt auch aus den benachbarten Gegenden ein ziemlich umfangreiches Vergleichsmaterial. Im folgenden nur die Mittelwerte der Lotungen in Tiefen von mehr als 4000 m.

	Zahl der Beobachtungen	Mittlere Lotungstiefe
Korallenbecken	3	4400 m
Kanal zw. d. Rennell- u. Bauro-Insel	3	4800 „
Hebriden-Becken	3	4700 „
Ostaustralische Bucht (24—30^c S.)	6	4700 „
Fidschi-Becken	12	4300 „
Tonga- und Kermadec-Graben	27	5300 „
Meer zw. d. Phönix-Inseln u. Samoa	21	4900 „

Zahlreiche submarine Inselreihen wechseln mit tiefen Gräben ab. Isoliert ragt Neucaledonien aus dem Meere empor, durch die grossen abyssischen Tiefen anscheinend in keinem Zusammenhang mit der umgebenden Inselwelt.

Wenn auch ein flüchtiger Blick uns auf einen naheliegenden, eventuellen vorzeitlichen Zusammenhäng mit anderen Inseln, vor allem mit Australien und Neuseeland hinweist, so werden wir der Frage und damit der Lösung bedeutend näher gerückt durch die Betrachtung der Geologie (geologischer Beweis), und der Fauna und Flora (biologischer Beweis)[1])

---

1) Zum geologischen Beweis der Kontinentalinseln bemerkt Supan: Einen direkten Beweis für die kontinentale Herkunft einer Insel haben wir nur dann, wenn sich ihre Bildung in geschichtlicher Zeit vollzog, oder bei jenen amphibischen Landstücken, die, wie die friesischen Inseln oder Mount St. Michel in der Mountsbai (Cornwall) zur Flutzeit Insel und zur Ebbe-

der in Betracht kommenden Länder; Gebiete, deren Resultate, weil auf streng wissenschaftlichem Boden sich bewegend und in systematischer Anordnung aufgebaut, uns zu einem sehr wahrscheinlichen Ergebnis führen werden, jedoch einen Schluss auf absolute Sicherheit nicht gestatten. Die Geologie zeigt uns nur den geologischen Aufbau, gibt uns aber keinen oder doch nur spärlichen Aufschluss über den Zeitpunkt der Trennung der Inseln. Über diesen äusserst wichtigen Punkt, woraus wir auf das relative Alter der Insel schliessen können, werden uns Flora und Fauna nähere Auskunft geben.

Gehen wir nun über zur Darstellung des geologischen Baues von Neucaledonien, Australien und Neuseeland, so sei hier von vornherein bemerkt, dass eine ausführliche und eingehende Darlegung, eines lediglich praktischen Zweckes halber am besten bei Besprechung der mineralischen Bodenschätze der Insel erfolgen wird, worauf hier verwiesen sei [1]). Hier möge nur das Wesentlichste und zum Verständnis Notwendigste angegeben werden.

---

zeit Halbinseln sind. Solche direkte Beweise können natürlich nur selten erbracht werden, doch haben wir einen Ersatz dafür in indirekten Beweisen zuverlässigster Art. Viele verraten ihre kontinentale Abkunft sofort, ehe man sich überzeugt, dass auch ihre geologische Beschaffenheit genau mit der der Küste übereinstimmt. — Supan, a. a. O., p. 673. — Neben dem geologischen dürfen wir aber auch den biologischen Beweis nicht ausser acht lassen; lässt doch die Pflanzen- und Tierwelt einer Insel bis zu einem gewissen Grade der Sicherheit auch auf die Zeit der Abtrennung vom Festlande schliessen. Der grössere oder geringere Reichtum einer Insel an eigentümlichen Arten ist also bis zu einem gewissen Grade ein Zeugnis für ihr relatives Alter. — Supan, a. a. O., p. 674.

1) p. 70 ff.

Der geologische Bau Neucaledoniens gliedert sich hauptsächlich in drei Gesteinformationen: 1. die archäischen Gesteine: alte Glimmerschiefer, Phyllite und Serizitschiefer; 2. Sedimentgesteine: Trias, Jura, Kreide; 3. ältere und jüngere Eruptivgesteine nebst Serpentin.

Über den geologischen Bau Australiens äussert sich Jung[1]) folgendermassen: Neben archäischen treten massenhaft paläozoische Gesteine auf. Krystallinische Schiefer und Granit werden überlagert von silurischen und devonischen Schiefern, Grauwacken und Sandsteinen. An der Ostküste und weiter westlich legen sich besonders karbonische, aber auch jüngere, zum Teil tertiäre Sandsteine mit söhliger Lagerung auf und an die älteren Gesteine. Das wüste Innere wird bedeckt von tertären Bildungen, meist Sandsteinen. Jura und Kreide finden sich besonders im Flussgebiet des Murray und Darling und an der grossen australischen Bucht, von Eruptivgesteinen ältere Porphyre und jüngere Basalte, von Tasmanien an der Ostseite des Kontinents bis nach Queensland.

Neuseeland weist wie Neucaledonien Spuren von Dislokation (Faltungen und Brüche) auf. Sodann dieselbe reiche Fülle von Eruptivgesteinen, doch mit dem Unterschied, dass in Neucaledonien der letzte Bruch die grosse Serpentinformation, die fast die ganze Insel bedeckt, in die Höhe gehoben hat und dass die Bruchstelle sich nicht wieder geöffnet hat. Endlich finden sich die gleichen Sekundärbildungen wie Trias, Jura und Kreide[2]).

Hierzu bemerkt Sievers (Australien und Ozea-

---

1) Scobel, a. a. O. p. 819. — Bernard, p. 99. — Suess, II. Bd., p. 188. — Sievers, II. Aufl., p. 80, 36. Geologische Karte von Australien und Ozeanien.

2) Bernard, p. 104. — Suess, II. Bd., 181.

nien, Leipzig und Wien, 1895, pag. 45): Als Fortsetzung Neuseelands ist Neucaledonien angesehen worden und in der Tat ähnelt hier trotz der anderweitigen Streichrichtung der Insel manches den Vorkommnissen auf Neuseeland. Das Rückgrad der Insel bildet ein bedeutender Serpentinzug, der wie in Neuseeland, von triassischem Schiefer und jurassischen kohlenführenden Sandsteinen begleitet wird. Während aber alle diese nach N.W. streichen, besteht der äusserste Norden der Insel aus nordöstlich streichendem Glimmerschiefer, so dass auch hier zwei verschiedene Streichrichtungen aneinander treten. Von vulkanischen Felsarten kommen nur Melaphyre und Tuffe an der Küste vor.

Hinsichtlich des geologischen Beweises äussert sich Suess[1] folgendermassen: Mit Ausnahme eines Stückes der mittelamerikanischen Küste in Guatemala, an welcher die umschwenkende Kordilliere der Antillen abgesunken ist, werden alle genauer bekannten Umgrenzungen des pazifischen Ozeans durch gefaltete Gebirge gebildet, deren Faltung gegen den Ozean gerichtet ist, so dass ihre äusseren Faltenzüge entweder die Begrenzung des Festlandes selbst sind, oder vor demselben als Halbinseln und Züge von Inseln liegen. Mit ziemlicher Sicherheit können wir die mit Sumatra beginnende Kette über Java, Bali, Lombok, Sumbava, Flores u. m. kleinere Inseln bis nach Timor verfolgen. Von hier aus wird der weitere Nachweis unsicher. Doch macht es die einfache geographische Anschauung der Karte wahrscheinlich, dass eine weitere Fortsetzung in Neuguinea und Neucaledonien

---

[1] Suess, Das Antlitz der Erde, 3 Bde, Wien 1888, II. Bd., p. 261.

zu suchen sei, während Neupommern, die Salomo-Inseln und die Neuhebriden eine Parallellinie bilden würden. Als das sehr entlegene Ende dieser Kette wäre dann Neuseeland zu betrachten, welches ein Bruchstück eines S-förmig gebogenen Kettengebirges ist, an dessen Aufbau alte krystallinische Schiefer, sowie eine schön entwickelte Reihe von Schichtgesteinen teilnehmen: Silur, Kohlenformation, Trias, Jura, Kreide, verschiedene Stufen des Tertiärs[1]), sind durch zahlreiche Fossile nachgewiesen[2]).

Mit diesen Ausführungen stimmt auch Neumayr[3]) überein. Diesen verwickelten Verlauf, sagt er, lässt ein Blick auf die Karte rasch verfolgen. In den Hauptzügen lässt er sich dahin zusammenfassen, dass die Hauptzone der Kettengebirge den Stillen Ozean im Osten, Norden und Westen umrahmt und sich von da, annähernd dem Verlauf der Osthälfte des „Zentralen Mittelmeeres" der Jura- und Kreidezeit entsprechend, zwischen Indo-Afrika einerseits und die Hauptmasse von Europa und Asien andererseits einschiebt. Vor allem aber ist noch eine sehr wesent-

---

1) Während des Tertiär zerfällt die nördliche wie die südliche Landmasse, jene in Europa-Asien (Eurasien) und Nordamerika, diese in Vorderindien, Afrika und Südamerika. Zwischen den sich erhaltenden Teilen jener alten Kontinente hat sich das atlantische Becken gebildet und nun verbinden sich die beiden westlichen und die beiden östlichen Teilstücke miteinander: Nordamerika kommt in Zusammenhang mit Südamerika. Eurasien mit Afrika und Indien. Damit ist der Grundzug der heutigen geographischen Lage gegeben. — Neumayr, Erdgeschichte, 2 Bde., Leipzig und Wien 1895, II. Bd., p. 416.

2) Suess, II. Bd., p. 260. — Supan, p. 33. — Neumayr, II. Bd., p. 536.

3) Neumayr, II. Bd., p. 482.

liche Ergänzung notwendig, die wir heute schon mit aller Wahrscheinlichkeit angeben können. Das westaustralische Festland ist eine alte Tafel von ähnlichem Bau wie Indo-Afrika Dem Ostrand entspricht ein langer Faltenzug, der in Tasmanien seine Fortsetzung findet. Neuseeland und Neucaledonien[1]) sind Stücke vorliegender Falten und namentlich ist Neuseeland ein unverkennbar in junger Zeit noch bewegtes Gebirgsland, das die Spuren neuer Tätigkeit der aufrichtenden Kräfte in der Menge seiner Vulkane, seiner Geiser und heissen Quellen erweist, die zu den merkwürdigsten Erscheinungen dieser Art auf der ganzen Erde gehören. Wenn wir auf der Karte die Richtung des Bismarckarchipels und der Salomoninseln betrachten, so wird die Vermutung wachgerufen, dass auch diese eine Fortsetzung des neuseeländischen Zuges bilden und dass ebenso auch das Hochgebirge der ost-südöstlichen Halbinsel von Neuguinea demselben Gebirge angehören.

Von besonderem Interesse ist sodann der biologische Beweis. Ein hohe Wichtigkeit, bemerkt Drude[2]), kommt jenen entlegenen Archipelen und Inseln des Ozeans zu, wo die Bahnen, auf denen die Vermischung der Floren erfolgt ist, sich leichter

---

1) Clarke und Dana haben bereits vor vielen Jahren Neucaledonien als eine Fortsetzung Neuseelands bezeichnet. Die Verbindung sollte durch das Streichen der nordwestlichen Halbinsel Neuseelands und durch Norfolk angezeigt sein. Man weiss jetzt, dass die Richtung dieser Insel nicht dem Hauptstreichen Neuseelands entspricht; in Neucaledonien gibt es allerdings einige Vorkommnisse, welche eine besondere Übereinstimmung mit Neuseeland verraten. — Suess, II. Bd., p. 203.

2) O. Drude, Handbuch der Pflanzengeographie, Stuttgart 1890, p. 127.

erkennen lassen, wo die endemischen Gewächse selbst von denen aller Festländer oft bedeutend in ihrem Bau abweichen und wo die ursprüngliche Anordnung der Zentren sich reiner als anderswo erhalten hat. Mit diesen Worten bezeichnete Grisebach das für die Florenentwicklung in den Inselgebieten liegende Charakteristische und Lehrreiche; lehrreich auch für die geographische Auffassung und Einteilung der Inseln überhaupt, denn dieselben sind sowohl einer geologischen Charakterisierung fähig, wie es Peschel in seiner Abhandlung über den „Ursprung der Inseln" zeigte, als der aus dem Pflanzen- und Tierreich entnommene und damit in innigem Zusammenhang stehenden biologischen.

Wiewohl gewisse Analogien zwischen Fauna und Flora bestehen, so tritt doch eine besonders auffällige Verbreitungsgrenze der Fauna durchaus nicht in dem gleichen Masse von Schärfe in der Flora auf[1]).

Die Physiognomie der Flora Neucaledoniens ist von der indischen Flora völlig verschieden. Schon

---

[1]) Beide organischen Reiche haben am gleichen Orte eine gemeinsame, vielfältig von einander abhängige Entwicklung in gegenseitiger Förderung oder Bekämpfung erfahren. Die Wanderungsfähigkeit erscheint auf den ersten Blick beim Tierreich als die grössere und ist es auch bei kleinen trennenden Zwischenräumen; bei genauer Betrachtung stellt sich aber heraus, dass die Pflanzen sich durchschnittlich viel leichter zum Verschlagen auf weite Erdräume hin eignen, als die Tiere. Die Pflanzenwelt überwindet trotz engerer klimatischer Lebenssphäre dennoch leichter die durch Entwicklung in bestimmtem geographischem Gebiet gezogenen Grenzen. Und so ist es auch wohl zu erklären, dass zumal eine ganz besonders auffällige Verbreitungsgrenze der Fauna durchaus nicht in dem gleichen Masse von Schärfe in der Flora auftritt. — O. Drude, Handbuch der Pflanzengeographie, Stuttgart 1890, p. 118.

Forster fand den Gegensatz gegen die Neuhebriden, die er eben verlassen und wo die tropische Vegetation auf das üppigste entfaltet sei, höchst auffallend. Neucaledonien gleiche vielmehr dem australischen Kontinent, in den Wäldern fehle das Unterholz, auf einer dürren Grasflur seien Myrtaceen-Bäume (Melaleuca) in weitläufigen Abständen zerstreut, der steinige Boden der öden Berge lasse auf die Trockenheit des Klimas schliessen. Sind aber auch die Formen der Vegetation denen des tropischen Australiens ähnlich, so ist doch die maritime Entfernung (150 geographische Meilen) zu gross, als dass ein erheblicher Austausch stattfinden konnte, und einige der grössten kontinentalen Familien und Gattungen sind auch unter den endemischen Arten nur schwach oder gar nicht vertreten.

Das Verhältnis des Endemismus zu der geographischen Lage und zu den klimatischen Analogien erkennt man an den Nadelhölzern, welche im Süden von Neucaledonien und auf der benachbarten Ile des Pins stattliche Hochwälder bilden (Araucaria): verwandte, aber selbständige Arten gleicher Gattung bewohnen das tropische Australien und Norfolk (Norfolk Pine), dann kehrt dieselbe, in Neuseeland fehlend, in Südamerika noch einmal wieder. Von endemischen Gattungen sind in Neucaledonien bereits 20 anerkannt worden, unter denen die Myrtaceen und Saxifrageen dreimal, die Tiliaceen und Euphorbiaceen zweimal vorkommen und die übrigen unter 10 verschiedene Familien sich verteilen [1]).

---

1) Grisebach, Die Vegetation der Erde, 2 Bände, Leipzig 1872, II. Bd., p. 532. — Drude, p. 408. — E. Reclus, Nouvelle Géographie universelle, Paris 1898, p. 49. — Bernard, p. 216. Nach Brongniart beläuft sich die Gesamtzahl der Pflanzen-

Australische, indische und neuseeländische Elemente setzen, wie Sievers (pag. 226) bemerkt, innig mit einander vermischt die Flora Neucaledoniens zusammen; immerhin ist das Vorherrschen des australischen Typus unverkennbar. Charakteristisch ist das Auftreten der Araucaria, der Kaurifichte, Dammara und Kentiapalme. Die grössere Trockenheit im Innern dieser Insel führt zur Ausbildung einer dem australischen Scrub vergleichbaren immergrünen Gebüschvegetation aus Myrtaceen und Dracophyllum, die die Höhe zwischen 1200 und 1600 einnimmt.

Auf Grund einer genauen kritischen Sichtung und Prüfung des einschlägigen Materials gelangte Bernard[1]) zu folgendem Resultat. Allgemein, sagt er, kann man den Schluss ziehen, dass die Differenzen, die sich aus der Betrachtung und Gegenüberstellung der Floren der grossen Länder, von Australien, Neucaledonien und Neuseeland sich ergeben, äusserst gross sind; jedoch liegt die Möglichkeit nahe, dass die verschiedenen Länder Australasiens vormals derart miteinander verbunden waren, dass sie einen grossen Kontinent bildeten; auf jeden Fall muss aber die

---

arten Neucaledoniens auf ca. 3000; darunter 2026 Phanerogamen und 965 Kryptogamen, Dikotyledonen sind 1694, Monocotyledonen 332 bekannt. — J. Leunis, Synopsis der Pflanzenkunde, 3 Bde., 3. Aufl., Hannover 1883, § 329 bezieht Neucaledonien zum Indischen Monsumgebiet. — Supan, p. 757, lässt die Indische Flora bis nach Neucaledonien reichen. — Sievers, p. 204, Florenkarte von Australien und Ozeanien. — Die Vegetation ist für ein tropisches Land auffallend dünn, sie macht vielfach mehr den Eindruck einer subtropischen. Etwa 10 000 qkm nimmt die Gebüschformation ein, eine Art Scrub, 7000 qkm bedecken die Savannen mit lichten Gehölzen und nur 1300 qkm der Wald (Sievers, II. Aufl., p. 328).

1) Bernard, p. 228.

Trennung in einer weit zurückliegenden geologischen Periode stattgefunden haben. Diesen Zeitpunkt näher zu bestimmen, dürfte sich vielleicht aus der Betrachtung der Fauna ergeben.

Hierzu bemerkt Neumayr[1]): So unvollständig und ungenügend bis heute unsere Kenntnis von diesen interessanten Vorkommnissen ist, was namentlich von den ziemlich artenreich scheinenden nordamerikanischen Kephalopodenschichten gilt, so lässt sich doch bereits mit Sicherheit erkennen, dass die Küstengebiete der arktischen Gegenden zusammen mit der Umwandlung des Pazifischen Ozeans (Neuseeland, Neucaledonien, Timor, Japan) eine weite, durch einheitlichen Charakter der Faunen verbundene Region bilden, die als die arktisch-pazifische Triasprovinz bezeichnet werden soll. Es ist dies weitaus das grösste, bekannte einheitliche Triasgebiet der Erde, wenn wir auch, da die uns zugänglichen Sedimentreste sich auf küstennahe Gegenden diesseits und jenseits des pazifischen Ozeans und des nördlichen Eismeeres beschränken, verhältnismässig nur geringe Teile davon kennen.

Ferner vertritt auch der australische Zoologe Hedley[2]) die Ansicht, dass die beiden Inselbogen der ostaustralischen Tiefsee einst miteinander und durch Neuguinea mit Australien zusammenhingen. Bis Neucaledonien herrscht nach Supan[3]) die neuguineische Flora, bis hierher sind auch die Beuteltiere gekommen. Bestand von da aus eine Landbrücke nach Neuseeland, so wurde sie jedenfalls schon früh abgebrochen; nach Huttons Annahme schon nach der mittleren

---

1) Neumayr, p. 204.
2) Supan, p. 676. — Ch. Hedley, A. Zoogeographie Scheme of the mid-pacific 1899.
3) Supan, p. 676.

Juraperiode¹). Aus dem gänzlichen Fehlen der Säugetiere in Australien, ausser den Beuteltieren, folgert Neumayr, dass die Trennung und Loslösung Australiens vom asiatischen Kontinent in der mesozoischen Periode stattgefunden hat, und dass seit diesem Zeitpunkt die Fauna isoliert geblieben ist von jener der übrigen Länder. Das Fehlen der Säugetiere in Neuseeland und Neucaledonien erklärt sich dann aus einer noch weiter zurückliegenden Isolierung²). Fauna und Flora Neucaledoniens sind somit zum grossen Teil sekundären Ursprungs und weisen auf eine sehr alte Isolierung hin.

Nach all dem Vorhergesagten kann man unbedenklich der Auffassung Bernards³) beipflichten, der in bezug auf den Zusammenhang Neucaledoniens mit den benachbarten Ländern zu folgenden Schlussfolgerungen gelangte:

1. Neucaledonien war einst in grauer Vorzeit mit Ostaustralien und Neuseeland vereinigt. 2. Die Trennung Neucaledoniens und Neuseelands vom australischen Erdteil ist vor dem Ende der Sekundärperiode erfolgt. 3. Die Verbindung Neuseelands und Neucaledoniens hat wahrscheinlich länger gedauert; während der jurassischen und kretazeischen Periode waren sie noch verbunden; ihre Trennung kann am Ende der sekundären Periode erfolgt sein, wahrscheinlich erst in der Zeit der oberen Kreide. 4. In der Tertiärzeit trat eine völlige Ablösung und Zerstücke-

---

1) Die zoologisch noch wenig erforschten Neuhebriden und Neucaledonien bilden den Übergang von den papuanisch-melanesischen Inseln der austro-malayischen Subregion zu der eigentlich polynesischen Subregion. — Sievers, p. 256.

2) Bernard, p. 231.

3) Bernard, p. 108.

lung, namentlich wohl durch Längsbrüche, ein. Neucaledonien muss jedoch mindestens vor der oberen Kreide vollkommen isoliert gewesen sein.

Riffbildungen.

Von grossem wissenschaftlichen Interesse und weittragender Bedeutung sind die Riffbildungen [1]), sowohl die Küsten-, Wallriffe und Atolle [2]): Formationen,

---

1) Neumayr, I, p. 612. — Supan, p. 687. — Bernard, p. 29. — Wagner, p. 445. — Annales de Géographie, T. IX, 1900, p 1--16, p. 193—210 par Maurice Caullery. — Friedrich Ratzel, Die Erde und das Leben, 2 Bde., Leipzig und Wien 1901—02, I. Bd., p. 327—50.

2) Man unterscheidet gewöhnlich drei Arten von Korallenriffen: Küsten-, Wallriffe und Atolle. a) Küsten-, Strand-, Fransen- oder Saumriffe lehnen sich unmittelbar an die Küsten der Inseln oder des Festlandes an, indem die Korallentiere ihre Stöcke vom seichten Meeresgrund aus, bis nahe zur Oberfläche des Wassers aufbauen. b) Wallriffe (auch Damm-, Barrier-, Gürtel- oder Kanalriffe) laufen entlang den Küsten des Kontinents oder der Inseln in einiger Entfernung vom Lande, so dass ein nicht besonders tiefer, bisweilen aber sehr breiter Wasserkanal (Lagunenkanal) das Riff vom Ufer trennt. Hie und da sind sie unterbrochen und bieten Eingänge in die Lagunenkanäle, welche die sichersten und schönsten natürlichen Häfen bilden, da sie durch die Korallenbank vor dem Wellengang der offenen See geschützt sind. c) Atolle oder Lagunenriffe sind eckige, unregelmässig ringförmige Riffe, welche ruhiges klares Seewasser von geringer Tiefe, die Lagune, umschliessen. Koralleninseln in engerem Sinne sind Lagunenriffe, von denen ein Teil über die Flutmarke 2—4 m als trockenes Land emporragt. Ihrer Entstehung nach sind Korallenriffe und Koralleninseln nicht verschieden. — Attlmayr, Handbuch der Ozeanographie und maritimen Meteorologie, Wien 1883, 2 Bde., I. Bd. p. 573. — v. Boguslawski, Handbuch der Ozeanographie, I. Bd., p. 113. — Wagner, p. 445.

die alle auf dem caledonischen Archipel sich vorfinden und vertreten sind, und schon längst die Wissbegierde und den Forschungstrieb der Naturforscher in höchstem Grade angezogen haben. Die Riffbildungen nämlich gehören zu den merkwürdigsten Erscheinungen der Erdoberfläche und sind Bauprodukte gewisser Korallengeschlechter. Diese riffbildenden Korallen, die unermüdlichen „Arbeiter des Meeres", sind gallertartige Zellen, die eine kalkige Substanz ausscheiden. Die Vermehrung geschieht durch Knospung, wobei keine vollständige Trennung der Individuen eintritt, so dass jede Familie mit ihren lebenden und abgestorbenen Gliedern einen gemeinsamen Stock bildet. Festen Meeresgrund und ungetrübtes Salzwasser sind in der Regel Bedingungen ihrer Existenz, unerlässlich sind jedenfalls genügende Nahrungszufuhr durch Wellenschlag oder Strömungen, und eine Temperatur, die selbst im Mittel des kältesten Monats nicht unter 20° C. sinkt. Aus dem letzteren Grunde sind die Riffkorallen einerseits an die Tropenmeere gebunden und bleiben auch hier den Gebieten der kalten Meeresströme fern und sind andererseits nur auf die oberen Schichten des Meeres beschränkt. Leider ist ihre Tiefengrenze nicht genau festgestellt. Man hat bis zu 90 m Tiefe lebende Korallen gefunden. Aber im allgemeinen dürfte die eigentliche Riffzone mit üppigem Wachstum nicht tiefer reichen als 30 bis 40 m, höchstens 50 m, wie auf Macclesfield Bank. (Supan pag. 683.)

In erster Linie ist es das grosse Wall- oder Barrierriff, welches unsere Aufmerksamkeit beansprucht, das ja auch bei den Anhängern der bekannten Darwinschen Senkungstheorie [1]) eine wichtige Rolle spielt.

---

1) Die Bildung eines Riffs ging nach Darwin etwa in

Dieses Wallriff gehört nach dem australischen, das an der nordöstlichen Küste Australiens sich hinzieht in einer Länge von 1100 engl. Meilen bei einer mittleren Entfernung von ca. 20 bis 30 Meilen (vom Festlande), zu den gewaltigsten Repräsentanten dieser Art. Ausser diesen beiden bekannteren Wallriffen finden sich noch viele in den tropischen Teilen des Stillen und Indischen Ozeans und vereinzelt auch im Atlantischen. Es würde uns zu weit führen, die verschiedenen, oft diametral einander

---

dieser Weise vor sich: Man denke sich eine Insel, die langsam sinkt, jedoch nicht schneller, als die Korallen aufwärtswachsen. Wie der Rand allmählich sinkt, wachsen die Korallen immer weiter nach aufwärts, und da unsere Polypen besonders in der Brandung gedeihen, wächst der Rand am schnellsten. Während so also der Inselrand stets für die Senkung ausgleicht, findet innerhalb des Riffes nur eine teilweise Ausgleichung statt durch Ablagerung von Trümmern und Meeresschlamm. Sinkt allgemach die Insel bis zum höchsten Gipfel unter stetigem Aufbau der Kolonien, so bleibt eine Insel übrig, die von einem Dammriff umgeben ist und nach einer weiteren Senkung verschwindet auch die Insel und es bleibt nur ein Korallenring oder Atoll übrig. Wenn andererseits statt einer Insel die Küste eines Kontinents sinkt, so entsteht ein grosses barrierenartiges Riff, das durch einen breiten und tiefen Kanal vom Festlande getrennt ist. Nach dieser Theorie gehen während der Senkung die Riffarten allmählich in einander über. Rings Land umschliessende Kanalriffe gehen in Atolle über, sobald die letzte Spitze des umschlossenen Landes unter die Meeresfläche sinkt. Auch können grössere Atolle durch stetige Senkung in kleinere zerbröckelt werden und in Bänke von totem Gestein übergehen. Somit besteht kein genereller Unterschied zwischen den einzelnen Riffen: Ein Kanalriff umschliesst Land, das bei einem Atoll schon unter die Meeresoberfläche hinabgesunken ist. Und ein Strandriff ist nur ein näher an das Festland gerücktes Kanalriff. — Schleiden, Das Meer, III. Aufl., Braunschweig 1888, p. 410. — Bernard, p. 38.

gegenüberstehenden Ansichten und Theorien über die Entstehung und Bildung der Riffe anzuführen und zu entwickeln. Es ist dies eine Frage, die längere Zeit hindurch eine heissumstrittene war, und die auch heute noch nicht zu einem definitiven Ergebnis geführt hat [1]). Im allgemeinen kann man Supan (a. a. O.

---

1) Zur kurzen Orientierung über diese Streitfrage sei folgendes bemerkt. Das Verdienst, die erste wissenschaftliche Theorie über die Korallenriffe und deren Bildung aufgestellt und begründet zu haben, gebührt Darwin, der im Jahre 1842 in seinem Buche: The Structure and Distribution of coral Reefs, London 1842, die bekannte „Senkungstheorie" aufstellte, die in der Folgezeit der Ausgangspunkt und das Streitobjekt vieler wissenschaftlichen Fehden und Kämpfe bildete. Obwohl gleich anfangs von manchen Gelehrten bekämpft, blieb die Darwinsche Theorie dennoch bis zum Jahre 1880 sozusagen massgebend und klassisch. Für Darwin trat alsbald Dana in die Schranken, der als Begleiter der Expedition Wilkes eine vielseitige und gründliche Kenntnis der Riffbildungen sich erworben hatte (James D. Dana, Corals and Coral Islands 1872). Andererseits fehlte es auch nicht an Forschern, die einen gegenteiligen Standpunkt vertraten und die Darwinsche Theorie bekämpften mit dem Hinweis, dass die Senkungstheorie zu sehr verallgemeinere und nicht alle Erscheinungen an den Korallenriffen erkläre. So z. B. Jukes, Narrative on the Voyage of the Fly 1847 (Barrierriff Australiens). — Nelson, Quart. Journ. Geol. Soc. London, IX, 1863. — J. Rein, Berichte der Senckenberg. Ges., Frankfurt a. M. 1869/70, p. 140—158: wo die Bermudas-Inseln geschildert werden. Reins Standpunkt — der, wie neuere Forscher überhaupt, die Bildung der Wallriffe und Atolle unabhängig von einer Senkung des Meeresbodens erklären — ist ein viel freierer und gipfelt in dem Satze: „Korallenriffe können sich überall dort bilden, wo die Grundbedingungen für die Ansiedlung der sie erzeugenden Polypen in bezug auf Temperatur, Klarheit des Wassers und Nahrungszufuhr durch Wellenschlag, sowie eine feste Unterlage gegeben sind; mag nun diese Unterlage eine untergetauchte Küste oder eine submarine Bodenerhebung, mag letztere vulkanischen, organischen

pag. 694) beipflichten, der sich dahin ausspricht: „Im allgemeinen ergibt sich aus neueren Forschungen, dass keine Theorie allgemeine Gültigkeit beanspruchen darf, und dass man jetzt erst beginnt, einen tieferen Blick

---

oder anderen Kräften zugeschrieben sein." — Rein, Verhandlungen des ersten deutschen Geographentages in Berlin 1881. Die Bermudas-Inseln und ihre Korallenriffe, nebst einem Nachtrage gegen die Darwinsche Senkungstheorie. Ferner sind noch zu nennen Karl Semper, Die Palau-Inseln im Stillen Ozean, Leipzig 1873. — L. Chambeyron, Bull. Soc. Géogr., Paris, IX, 1875 (Neycaledonien). Mit dem Jahre 1880 trat dann ein Wendepunkt und ein entscheidender Umschwung ein. Eingeleitet wurde diese Periode durch die kräftige Reaktion von Murray, der mit Erfolg den Ideengang der Darwinschen Theorie erschütterte und den Nimbus, womit dieselbe umgeben war, mit Meisterhand zerstörte, — John Murray, On the Structure and Origine of the Coral Reefs, Bd. X, Proceedings of the Royal Soc. of Edinburgh 1879/80. — Murray, Transactions. R. S. Edinburgh, XXXVIII, 1896. Sein Beweismaterial stützte sich mehr auf die Ozeanographie. In seinen Bahnen bewegten sich dann weiter: Guppy (Salomon-Inseln) 1885/86. — Bourne (Diego Garcia) 1887/88. — Lister, Walther, Ortmann, Warthon 1887. Von neueren Forschern, die sich gegen die Senkungstheorie ausgesprochen haben, sind zu nennen: Krämer, Aug., Über den Bau der Korallenriffe und die Planctonverteilung an den samoanischen Küsten, Kiel und Leipzig 1897. — R. Langenbeck, Die Theorien über die Entstehung der Koralleninseln, Leipzig 1890. — Gardiner, The Coral Reefs of Funafuti Rotuma and Fiji, Proceed. Cambridg Phil. Soc. IX, 1898. — Gardiner, The Formation of the Maledives, Geogr. Journal, Bd. XIX, 1902. — A. Agassiz, The Islands and Coral Reefs of Fiji, Bulletin of the Museum of Comparative Zoology at Harvard College, Bd. XXXIII, 1899; Bd. XXVI, 1902; Bd. XXVIII, 1896 (Florida-Riffe); Bd. XXVI, 1894 (Bahama und Bermudas). — A. Agassiz, The Coral Reefs of the Tropical Pacific, Cambridg 1903. — M. Caullery, Annales de Géogr. T. IX, 1900, p. 1—16, p. 193—210, Les récifs coralliens. — Attlmayr I 150. — Bernard, p. 38. — Supan, p. 683, 687, 688.

in das Problem zu gewinnen. Wohl darf man voraussetzen, dass überall, wo Atolle oder Wallriffe gesellig auftreten, gleichartige Bedingungen geherrscht haben, aber jedes Gebiet muss für sich auf seine Genesis untersucht werden." Zwei Faktoren sind es hauptsächlich, die nach Caullery (Annales de Géogr. T. IX pag. 3) bei der Riffbildung in Betracht kommen, nämlich ein submarines Plateau von 60—80 m (bisweilen auch nur 35—40 m) worauf sich das Riff aufbaut, und dann eine fast durchgängig konstante Wassertemperatur von 18—20° C. Dabei spielen natürlich noch eine Reihe anderer Faktoren mit, wie z. B. die wichtige Frage der Nahrungszufuhr, des Planktons.

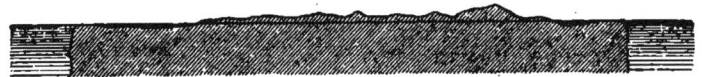

Profil Neucaledoniens und seines grossen Barrierriffs.
Nach Chambeyron (Bernard p. 31).

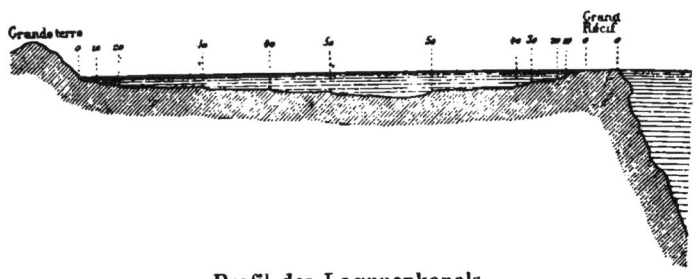

Profil des Lagunenkanals.
Nach Chambeyron (Bernard p. 32).

Wie schon oben erwähnt, können wir sämtliche Arten von Riffbildungen auf dem neucaledonischen Archipel wahrnehmen. Einen eigenartigen majestätischen Anblick gewährt das grosse Barrierriff, das beide Längsküsten der Insel umsäumt, an einigen Stellen Korallenkuppen trägt und die Hauptinsel gegen das offene Meer deckt; ein grosser weisser Gürtel, der sich von dem blauen Meere abhebt, und einer 200—1000 m breiten Schutzmauer vergleichbar, gegen die in mächtigem Rollen die Wogen sich überstürzend in gewaltigem Anprall donnern.

An der Ost- und Westseite in der Richtung der Längsachse der Insel herlaufend, hat dasselbe einen Umfang von 440 Meilen, bei einer Kanalbreite von 35 bis 40 Meilen und erstreckt sich von der Pinien-Insel bis jenseits der Huon-Inseln. Dieses Wallriff bildet jedoch kein geschlossenes, zusammenhängendes Ganzes, sondern ist öfters durch zahlreiche enge Eingänge, oft auch auf 2 Meilen Entfernung unterbrochen. Diese Lücken gestatten eine Einfahrt in den Lagunenkanal, der stets ruhiges Fahrwasser für die Schiffahrt gewährt und eine mittlere Breite von 10 km bei einer zwischen 40 bis 90 m variierenden Tiefe aufweist. Dieser Lagunenkanal ist reich an Klippen und gefährlichen Untiefen, die den Schiffahrtskanal stark einengen. Nach aussen stürzt das Riff ebenso steil ab wie das grosse Barrierriff Australiens; denn 200 m vom Rande wird bereits 30, jenseits 600 m aber schon 750 m Tiefe gelotet, woraus sich Neigungswinkel von 8,5° bis 51° ergeben. Stellenweise sind diese submarinen Abhänge fast senkrechte Abstürze. Oftmals beginnen auch die Riffe als Saumriffe in unmittelbarer Nähe der Küste aufzutreten. Auf der Westseite ist das Riff im allgemeinen viel geschlossener und kompakter wie auf der Ostseite, dessen Riffe zahlreiche Lücken aufweisen und sich auf lange Strecken hinunter dem Meeresniveau in einer Tiefe von 2—9 m und noch mehr hinziehen.

Von Atollen oder Lagunen-Inseln haben wir zu verzeichnen, die im Norden gelegenen kleinen Inseln:

Surprise, Leleizour, Fabre und Huon. Auch die dem australischen Kontinent am nächsten liegenden Chesterfieldinseln sind unscheinbare Korallenbildungen.

Korallen-Insel im engeren Sinne ist die Ile des Pins (Pinien-Insel), die von einem Riffe umgürtet ist, das in einer Höhe von 5—30 m aufragt und auf einem Plateau von 1—8 km Breite aufliegt. Koralleninseln sind sodann ferner die Loyalty-Inseln: Ouvéa, Lifou und Maré. Wahrscheinlich erheben sie sich über einem gemeinsamen unterseeischen Höhenzug, der in derselben Richtung streicht wie Neucaledonien, vielleicht auch dem Gebirgssystem dieser Insel angehört. Die älteste dieser Koralleninseln scheint das fruchtbare, dichtbewaldete Maré im Südosten zu sein, dessen Küsten in fünf Terassen, von denen jede einer Hebung entspricht, zu 100 m aufsteigen. Das 60 m hohe, grössere Lifou mit 3 Terrassen ist jünger; eine ganz junge Bildung ist das nur 17—18 m hohe Ouvéa. Der Absturz dieser Korallenbildung gegen die benachbarten Meerestiefen ist nahezu lotrecht. (Sievers pag. 325). Die Bedeutung und den mannigfaltigen Einfluss der Riffe in hydrographischer, ökonomischer und klimatischer Hinsicht werden wir für ein späteres Kapitel reservieren.

Klima.

Mit der Lage der neucaledonischen Inselgruppe und dem Relief des Bodens steht in engster Berührung und kausaler Wechselbeziehung das Klima dieses Eilandes, worunter wir die Gesamtheit der meteorologischen Erscheinungen verstehen, welche den mittleren Zustand der Atmosphäre an irgend einer Stelle der Erdoberfläche charakterisieren.

— 40 —

Obschon die Arbeiten und Untersuchungen über die Klimatologie des caledonischen Archipels noch lange nicht zu einem definitiven Abschluss gelangt sind, so lässt sich doch auf Grund zahlreicher und laugjähriger Beobachtungen, so z. B. von den meteorologischen Stationen von Nouméa und Canala, ein annähernd richtiges und anschauliches Bild von den klimatischen Verhältnissen gewinnen. Was die Temperaturverhältnisse anbelangt, so ist ihre Beschaffenheit gemäss der Lage der Insel in der tropischen Zone eine ziemlich hohe, wenn auch noch immerhin erträglich, da die Temperatur durch die Seebrisen und durch den SO Passat, der einen grossen Teil des Jahres weht, bedeutend gemildert und gemässigt wird [1]).

Die mittlere Jahrestemperatur von Nouméa, das unter 22,16° SB. und 166,27° O. gelegen ist, beträgt 23,6° C.

	Jan.	Febr.	März	Apr.	Mai	Juni	Juli
Luftdruck	759,7	55,5	58,9	62,3	63,9	61,7	62,5
Temperatur	27,6	27,4	26,4	25,0	23,0	22,1	20,9
Maximum	35,4	37,4	34,3	30,8	29,8	27,4	27,8
Minimum	20,8	20,8	20,8	16,0	16,3	14,6	14,6
Regen	6	255	239	292	115	112	252
Tage	6	18	25	17	21	17	24

	Aug.	Sept.	Okt.	Nov.	Dez.	Jahr
Luftdruck	63,5	64,0	61,8	61,0	59,4	761,1
Temperatur	21,2	21,8	22,6	25,0	26,7	24,1
Maximum	28,2	29,0	29,9	32,2	34,3	37,4
Minimum	14,6	13,5	14,6	19,5	22,8	13,5
Regen	127	97	55	4	59	1611
Tage	13	11	7	6	8	173

---

1) Neben den Passaten und Monsumen spielen im Klima der Tropenzone die täglich wechselnden Land- und Seewinde der Küstenregionen eine grosse Rolle. Diese täglichen Brisen bringen frische reine Luft des Meeres an die Küste. Hann, I, p. 153; II, p. 24. — Supan p. 311.

Resultate der meteorologischen Beobachtung zu Nouméa im Jahre 1891 [1]).

Vergleichen wir diese Temperatur mit denjenigen der umliegenden, ein wenig nördlicher, dem Äquator zu gelegenen Inselgruppen, so ergibt sich für die Fidschi-Inseln [2]): Levuka 25,9°, Delanasau 26,2°; für die Neuhebriden: Tanna 25,4°, Futuna 25,1°. Auf dem australischen Festland hat Port Denison und Ravensvood, in gleicher Breite wie Neucaledonien gelegen, eine mittlere Jahrestemperatur von 23°; Port Mackay in gleicher Breite wie Nouméa eine solche von 22,8° [3]).

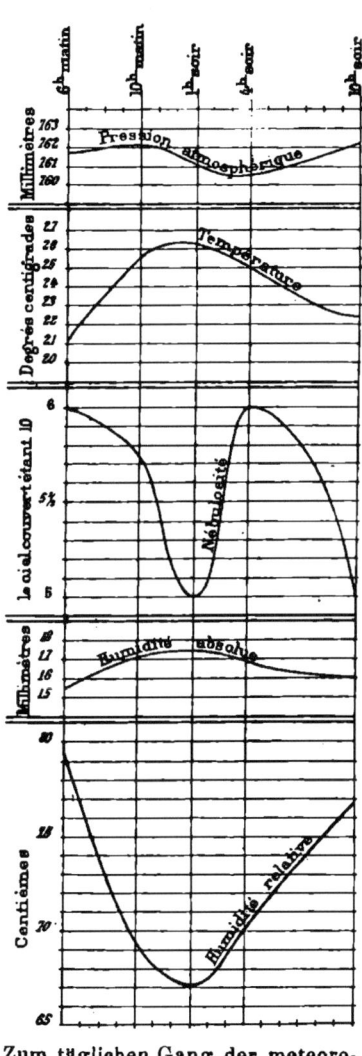

Zum täglichen Gang der meteorologischen Elemente zu Nouméa (Bernard, p. 116).

---

1) Bernard p. 140. — Nach Legrand, p. 159, beträgt die mittlere Jahrestemperatur 25,5 Grad.

2) Meteorologische Zeitschrift 1895, p. 227.

3) Hann, II, p. 266. — Sievers, p. 182, Isothermen- und Isobarenkarte von Australien und Ozeanien. Die Wärmeverhältnisse der tropischen Inseln des grossen

Temperaturen der tropischen Inseln im grossen Ozean und des australischen Tropengebietes.

Ort	Breite	Länge	Jahres-Temp.	Wärmster Monat		kältester Monat		Differenz
(15) Bua (Vanua Levu)	16,38	178,37	25,8	26,9	Dez.	24,5	Juli, Aug	2,4
(2) Levuka	17,41	178,52	24,9	26,4	„	23,5	„ „	2,9
(8) Suva	18,7	138,22	25,4	27,2	Jan.	23,0	Aug.	4,2
(3) Tanna	19,28	169,23	23,9	26,6	März	20,6	Juli	6,0
(7) Futuna	19,30	170,13	24,6	26,9	Febr.	22,1	Aug.	4,8
(3) Tongatabu	21,8	175,12	22,8	26,1	„	20,3	„	5,8
(2) Kanala	21,30	166,0	23,2	26,3	„	19,3	Juli	7,0
(5) Nouméa	22,16	166,36	23,2	26,7	„	20,0	Aug.	6,7
(3,5) Port-Denison	20,0	148,16	23,2	27,1	Febr.	17,3	Juli	9,8
(2,5) Richmond	20,44	143,11	22,9	28,8	Dez., Jan.	15,0	„	13,9

Der heisseste Monat ist der Februar mit einer Temperatur von 26,79° (Nouméa), der kälteste Monat, der August, mit einer solchen von 20,32°[1]). Die Amplitude beträgt darnach 6,47°, was keine grosse jährliche Wärmeschwankung bedeutet; eine Erscheinung, die für ein Seeklima charakteristisch ist. Für die vorhin erwähnten Orte beträgt die Amplitude: 2,3 und 4,2 auf den Fidschi-Inseln, 5 für Futuna auf den Neuhebriden, 9,9 für Port-Denison, 9 für Ravensvood und 12,2 für Mackay.

Die absoluten Extreme sind für Nouméa 38° Maximum[2]) und 12° Minimum, die Differenz beträgt

Ozeans werden durch die ausserordentliche Gleichmässigkeit einer hohen Temperatur charakterisiert. Der Wärmeunterschied der extremen Monate liegt im grössten Teile dieses Gebietes zwischen 0,5 und 5°, die regelmässige, absolute Jahresschwankung zwischen 12 und 15°, die tägliche Temperaturschwankung beträgt 5—9°. — Hann, II, p. 265.

1) Bernard, p. 144. — Hann, II, p. 264, gibt folgende Ziffern an: 26,7 und 20,0.

2) Bernard, p. 149. — Hann, 264 nimmt als Extreme 35,5 und 13 an. Minima von 10, 9, 8, ja selbst 7°, wie sie von

also 26°. Von den absoluten Jahresschwankungen der Temperaturen der benachbarten Orte geben folgende mittlere Jahresextreme eine genauere Vorstellung[1]).

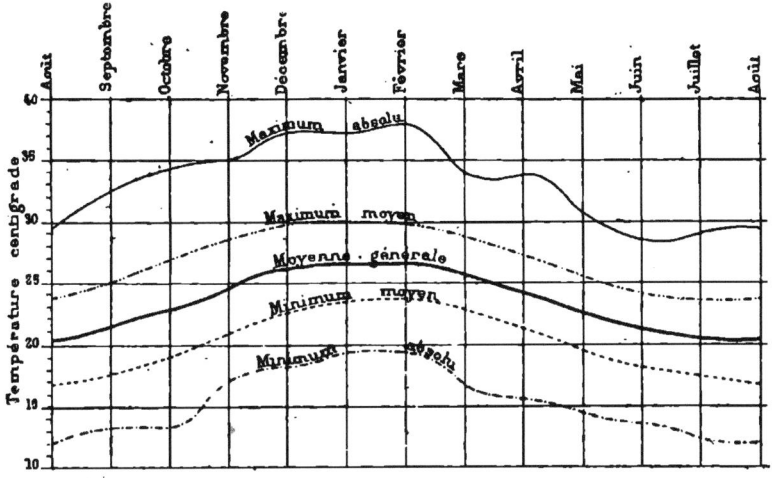

Temperaturverhältnisse zu Nouméa (Louvet-Bernard, p. 147).

	Maximum	Minimum	Differenz
Bua	35,9	15,8	20,1
Suva	32,1	17,9	14,2
Futuna	32,6	17,2	15,4
Tanna	33,8	15,6	18,2
Nouméa	35,5	13,0	22,5
Richmond	41,8	—00,1	41,9

Ohne Zweifel sind von hoher klimatischer Bedeutung die gewaltigen umschliessenden Wasserflächen, die auf die Temperatur des Festlandes in hohem Masse einwirken und dieselbe ausgleichen und regulieren. Die mittlere Jahrestemperatur des Wassers

---

Nicomède und Reclus verzeichnet werden, dürften wohl, wie Bernard bemerkt, auf unsichere, falsch angestellte und kontrollierte Beobachtungen zurückzuführen sein.

1) Bernard, p. 147. — Hann, II, 279.

beträgt 24°, steigert sich jedoch im Sommer auf 25—28°[1]).

Ein geographisch wichtiges Element, dem aber bisher verhältnismässig wenig Beachtung geschenkt wurde, ist der mittlere Grad der Bewölkung[2]). Auf Neucaledonien erreicht die Bewölkung einen hohen Betrag, speziell in Nouméa ist der Himmel stets mehr oder weniger bedeckt. Man zählt hier nur 12—13 völlig wolkenfreie und 24—25 ganz bewölkte Tage. Der Mittelwert der Bewölkung beträgt 51. Der wolkenfreieste Monat ist der November mit 44, der am meisten bewölkte der April mit 61.

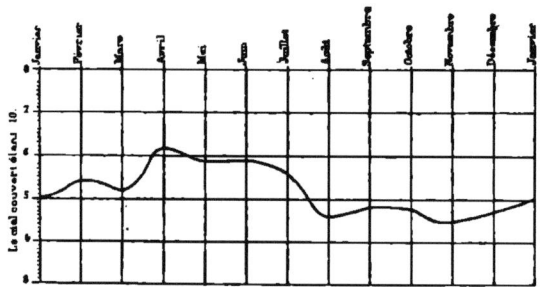

Jährlicher Gang der Bewölkung in Nouméa. Ausgedrückt in Zahlen von 0 (ganz heiter) bis 10 (ganz bewölkt) (Louvet-Bernard, p. 174).

In Bezug auf die Bewölkungsverhältnisse der umliegenden Inseln sind wir nur für sehr wenige Stationen genauer unterrichtet. Die jährliche Ver-

---

1) Hann, I, p. 129. Einfluss von Wasser und Land auf die Temperaturverteilung.
2) Supan, Grundzüge der physischen Erdkunde, p. 147. — Bernard, p. 173. — Peterm. Mitt. 1890, p. 137. Neben Temperatur und Niederschlag kamen erst viel später auch die andern Elemente an die Reihe, und wohl zuletzt von allen die Bewölkung. In der Tat muss man sich über das letztere wundern, da doch naturgemäss gerade die Bewölkung ein nicht

teilung der mittleren Bewölkung auf Futuna, den Fidschi-Inseln und in Brisbane ist folgende:

	Mittelwert d. Bewölkung	Wolkenfreiester Monat		Bewölktester Monat	
Futuna	53	November	47	Juni	59
Fidschi-Ins.	64	August	56	Februar	73
Brisbane	44	August	32	Februar	57

Der Kondensationsprozess des atmosphärischen Wasserdampfes, der mit der Wolkenbildung beginnt, führt in seiner weiteren Entwicklung zu Niederschlägen, deren Betrachtung weiter unten erfolgen wird.

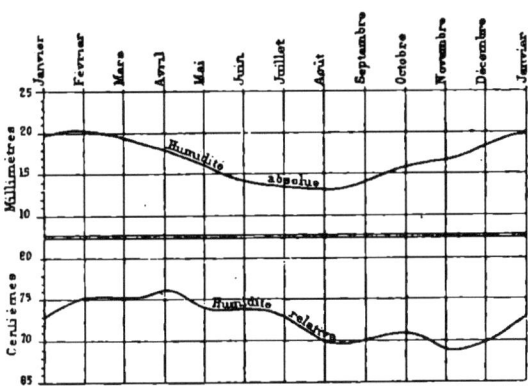

Feuchtigkeit der Luft in Nouméa.
(Louvet-Bernard, p. 175).

Für die Charakteristik des Klimas einer Gegend ist ferner der Dampfdruck ein entscheidendes Element. Die geographische Kurve der absoluten Feuchtigkeit hat einen streng thermischen, die der relativen Feuchtigkeit einen gemischt-thermisch-barischen Charakter, wie die Linie der Bewölkung[1]).

---

zu unterschätzender klimatischer Faktor ist, und durch ihn gewissermassen alle andern Elemente in ihren Werten beeinflusst werden, vor allem die Temperatur.

1) Supan, p. 136. — Bernard, p. 175.

In Nouméa beträgt die absolute Feuchtigkeit 16,59 mm, das Maximum wird erreicht im Februar mit 20,87 mm, das Minimum im August mit 13,11 mm. Die relative Feuchtigkeit beträgt am genannten Orte 72,70 %. Ihr Maximum erreicht sie im April mit 76 %, ihr Minimum im November mit 69 %. Für die umliegenden Orte ergeben sich folgende Resultate. In Futuna beträgt die absolute Feuchtigkeit 20 mm; das Maximum fällt auf den Februar mit 23,8 mm, das Minimum auf den August mit 16,5 mm. Hingegen beträgt die relative Feuchtigkeit daselbst 84 %, das Maximum weist der Februar mit 87 %, das Minimum der September mit 80 % auf. In Mackay beträgt die absolute Feuchtigkeit 83 %.

Jahreszeiten unterscheidet man auf Neucaledonien 2, nämlich eine heisse und eine kühlere oder relativ kältere Jahreszeit. Die erstere dauert vom 15. Oktober bis 15. April, die kältere Jahreszeit umfasst die übrigen Monate des Jahres, wiewohl auch hier eine systematische Scheidung schwer fällt und es keine scharf fixierten Grenzlinien gibt, da dieselben je nach der jeweiligen Auffassung und dem persönlichen Standpunkt sich leicht verschieben lassen. Infolgedessen ist es erklärlich, wie manche Autoren die Dauer der heissen Jahreszeit auf 8 Monate ausdehnen, wieder andere auf bloss 4 Monate beschränken[1]). Sievers a. a. O. pag. 197 unterscheidet 2 Jahreszeiten, eine feuchte und eine trockene. Dieselbe Auffassung teilt auch P. d'Horel (Dep. Col. 1904), der die feuchte Jahreszeit von Februar bis Juli und die trockene von August bis Januar dauern lässt.

Der Regen ist auf Neucaledonien nicht für eine bestimmte Jahreszeit charakteristisch, und von einer

---
1) Bernard, p. 154.

scharfmarkierten regelmässigen Regenzeit kann deshalb hier keine Rede sein. Sowohl was die Menge der Niederschläge als auch die Zahl der Regentage anlangt, gleicht das Klima eher einem trockenen. Die Ostküste hat etwas mehr Regen als die Westküste, da die Ostseite der Insel infolge des hier gegen die Gebirge anprallenden Passats grössere Mengen von Niederschlägen erhält. Doch ist der Unterschied nicht recht gross. Für die Westküste gilt allgemein das Gesetz: Der Südostpassat bedingt die Trockenheit; der Westwind hingegen bringt Regen. Der Südwesten (Nouméa) von Neucaledonien hat eine Tendenz zu Winterregen und zu einer Unterbrechung des Passats im Winter. Der Südosten (Kanala) hat mehr Sommerregen (Passatregen). Der Nordwesten dürfte Monsumregen im Sommer haben, bei Unterbrechung des Passats, der Nordwesten (Passatregen) weniger markierte Sommerregen [1]).

Die jährliche Niederschlagsmenge auf der Westseite bei Nouméa beziffert sich auf 1144,95 mm, die sich auf 116 Regentage verteilen [2]). Die Ostseite hat nach allgemeiner Schätzung reichlichere Niederschläge. Dieselben betragen im Jahresmittel nach Hann 1743 mm. Nachstehende Tabelle gibt uns ein anschauliches Bild von den mehrjährigen Mittelwerten, verteilt auf die einzelnen Monate des Jahres. Zugleich gestattet sie uns auch einen Einblick in die Niederschlagsverhältnisse der benachbarten Inseln.

---

1) Bernard, p. 167. — Hann, p. 279.

2) Bernard, p. 161. Nach Beobachtungen, die vom Jahre 1860—87 angestellt wurden. Die höchste jährliche Regenmenge innerhalb dieser Beobachtungsperiode war:

1749 mm im Jahre 1872   Regentage 158 im Jahre 1881
 749 „ „ „ 1869   „   58 „ „ 1875

Regenfall auf den Inseln des Pacific und des tropischen Australiens [1]).

Ort	Fidschi-Inseln			Neue Hebriden			Neu-Caledonien		Austr.
	Bua (Delanasau)	Levuka	Suva	Tanna	Futuna	Tongatabu	Karala	Nouméa	Mackay
Jahre	(15)	(4,5)	(11)	(4)	(8)	(3)	(2¼)	(20)	(13)
Januar	496	327	298	331	271	233	161	101	382
Februar	405	373	386	208	298	173	360	110	346
März	453	445	354	252	159	162	204	116	391
April	192	256	296	314	196	263	207	132	186
Mai	122	210	157	95	128	208	95	130	113
Juni	56	97	130	50	132	206	126	106	69
Juli	60	83	112	98	92	42	47	84	58
August	86	80	173	62	150	93	142	60	24
Septemb.	70	128	133	75	99	180	49	72	28
Oktober	143	116	180	115	83	182	193	65	62
Novemb.	182	163	257	143	109	91	103	77	69
Dezemb.	232	187	253	210	152	113	57	82	185
	2497	2465	2629	1953	1869	1946	1743	1135	1913

Auf Neucaledonien entfällt die grösste Niederschlagsmenge auf die Zeit vom Februar bis Mai mit 505 mm — wovon allein auf den April 154,43 mm kommen — die geringste auf die Monate August bis November mit 260 mm. Am wenigsten Niederschläge hat der Monat August zu verzeichnen, nämlich nur 59,95 mm.

In der heissen Jahreszeit erhebt sich die Regenmenge auf 686 mm mit 65 Regentagen, in der kälteren auf 459 mm mit 49 Regentagen. Die meisten Regentage weist der Monat März auf, nämlich 14, die wenigsten der Monat Oktober mit nur 5 Regentagen.

---

1) Hann, II, p. 249. — A. Woeikof, Die Klimate der Erde, 2 Bände, Jena 1887, beziffert die Niederschläge Nouméas auf 1210 mm. — Bernard, p. 157, gibt für Levuka 2629 mm an, verteilt auf 208 Regentage; für Delanasau 2618 mm, auf 155 Regentage; für Tanna 1953 mm auf 192 Regentage; für Futuna 1869 mm, auf 188 Regentage; für Mackay 1800 mm.

Bei der Beurteilung von Niederschlagsverhältnissen ist es von grösster Wichtigkeit, die Regenmessungen auf einer gebirgigen Insel nicht auf einen einzigen Ort und auf eine kurze Beobachtungsperiode zu beschränken und nach diesen Resultaten einen Schluss auf die allgemeinen Regenverhältnisse des Gebietes überhaupt zu ziehen. Dies zeigt uns auch nachstehende Tabelle, wo die Resultate einer 40 jährigen Beobachtungsperiode verwertet sind, die ein Jahresmittel von 1107 mm ergaben (Dép. Col. 1904).

Februar	mittl. Regenfall von		42 Mon.	113,8 mm		
März	„	„	„ 41 „	163,1 „		
April	„	„	„ 41 „	136,5 „		715,2 mm
Mai	„	„	„ 40 „	115,4 „		Regenzeit
Juni	„	„	„ 41 „	89,9 „		
Juli	„	„	„ 40 „	96,5 „		
August	„	„	„ 43 „	66,3 „		
September	„	„	„ 41 „	68,4 „		
Oktober	„	„	„ 40 „	56,7 „		391,8 mm
November	„	„	„ 41 „	57,6 „		relative
Dezember	„	„	„ 40 „	73,1 „		Trockenzeit
Januar	„	„	„ 42 „	69,4 „		
				1107,0 mm		

Auch die Veränderlichkeit der Regenmenge ist in den einzelnen Jahren eine ziemlich grosse. Eine Beobachtungsperiode von 40 Jahren zeigt uns deutlich, wie das Klima öfters Perioden der Trockenheit und der Regenfälle unterworfen ist, die nach kürzerer oder längerer Frist einander ablösen. Eine nähere Unterscheidung ergab folgendes Bild (Dép. Col. 1904, p. 273).

Perioden

regenarme regenreiche

1. Periode reichlicher Niederschläge von 1862—64, welche, nach den dürftigen Notizen zu schliessen, auf eine gleich regenreiche Periode gefolgt ist. Der jährliche Regenfall bezifferte sich auf   1145 mm

	Perioden	
	regenarme	regenreiche
2. Regenarme Periode von 1865—69 mit	891 mm	
3. Periode reicher Niederschläge von 1870—76 mit		1333 „
4. Regenarme Periode von 1877—78 mit	905 „	
5. Regenreiche Periode von 1879—81 mit		1392 „
6. Regenarme Periode von 1882—88 mit	864 „	
7. Periode reichlicher Niederschläge von 1889—98 mit		1343 „
8. Regenarme Periode von 1899—1903 .	759 „	

Auf einen Zeitraum von 40 Jahren kommen somit 21 Jahre, die sich durch Regenreichtum aus-

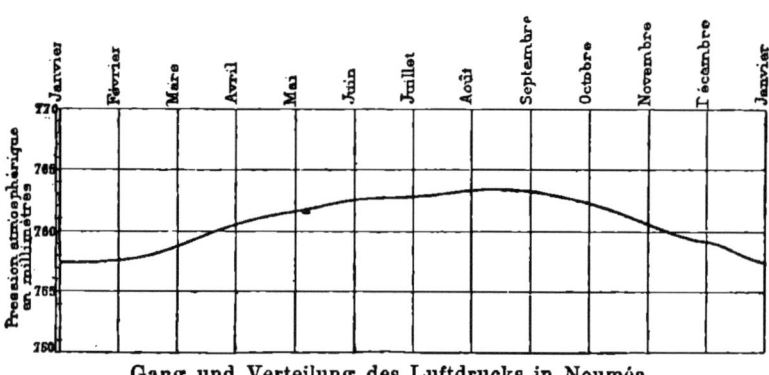

Gang und Verteilung des Luftdrucks in Nouméa
(Louvet-Bernard, p. 115).

zeichnen, wo die durchschnittliche Regenmenge sich auf 1300 mm erhebt. Diesen 21 regenreichen Jahren stehen 18 gegenüber mit einem Jahresmittel von nur 850 mm.

Was ferner den mittleren jährlichen Luftdruck anbelangt, so beträgt derselbe nach den Berechnungen von Louvet[1] 760,87 mm. Hann verzeichnet 762,0 mm, wie aus nachstehender Tabelle ersichtlich ist[2]).

---

1) Bernard, p. 115.
2) Hann, II, p. 264.

Luftdruck.

	Bua 16,6 S.B.	Levuka 17,7 S.B.	Suva 18,1 S.B.	Nouméa 22,3 S.B.
Jahr	(7)	(2)	(8)	(2)
Januar	54,3	56,2	55,6	58,5
Februar	55,3	56,6	56,1	59,3
März	56,2	56,5	56,8	61,3
April	57,5	58,5	58,0	63,3
Mai	58,7	59,6	59,2	63,8
Juni	59,4	59,6	60,1	64,1
Juli	59,5	60,4	50,7	64,4
August	59,7	59,7	60,6	63,7
September	59,9	60,0	60,5	63,3
Oktober	59,3	59,8	60,4	62,3
November	57,4	58,4	58,0	61,3
Dezember	55,3	57,6	56,3	59,4
	757,7	758,5	758,4	762,0

Von der grössten klimatischen Bedeutung sind die Winde, da diese Faktoren die eigentlichen Träger feuchter Luftmassen sind, und Gebirge, die sich ihrem Wege entgegenstellen, die Hauptveranlassung zu aufsteigenden Luftströmen und damit zu ergiebigen Niederschlägen bieten. Eine genauere Erforschung der Winde lässt jedoch noch vieles zu wünschen übrig, da vielfach noch ungenügende Beobachtungen vorliegen. Hierzu bemerkt Louvet[1]), von Mitte Oktober bis Mitte April sind N.W.- und N.-Winde in Nouméa sehr selten; es herrscht der S.O.-Passat. In der anderen Jahreshälfte dagegen kommen häufige Störungen der Windrichtungen vor, der S.O. geht öfters über in N.W. nach N. Also gerade im Winter ist der Südwesten Neucaledoniens am meisten den Westwinden ausgesetzt. Im Norden der Insel ist der Passat regelmässiger entwickelt und im Sommer den meisten Störungen unterworfen. Die Winde wechseln zwischen

---

1) Hann, II, p. 279. — Bernard, p. 118.

S.O. und N.O., namentlich im September und Oktober gibt es sehr heftige Gewitter. Von Januar bis März treten zuweilen grössere Wirbelstürme auf. Orkane oder vielmehr Windstösse sind selten. Die Insel liegt abseits der Sturmbahn solcher Wirbelwinde.

Nicht zu unterschätzen ist sodann auch die Einwirkung und der Einfluss des grossen Barrierriffs, das der Insel wie eine natürliche Schutzwehr vorgelagert ist, insofern es nämlich die Windstärke vermindert, abschwächt und die Richtung der Winde ablenkt[1]).

Um unser Urteil über das Klima Neucaledoniens zusammenzufassen und es in kurzen Zügen zu schildern, so kann man im allgemeinen sagen, dass dasselbe, wenn auch mehr oder weniger trocken, doch unbestritten eines der angenehmsten und gesundesten der Länder der Tropenzone ist. Der Europäer kann selbst in den heissesten Monaten Landarbeiten verrichten. Trotz ausgedehnter Sumpfflächen tritt hier kein Sumpffieber auf; kein anderes Fieber, wie Malaria oder eine dem Lande spezifisch eigene Krankheit befällt den Europäer. Als wesentliche Faktoren dieser günstigen Verhältnisse und Lebensbedingungen sind vor allem das Klima und die eigenartige Bodengestaltung anzusehen. An der Grenze der tropischen Zone, inmitten einer ungeheuren Wasserwüste gelegen, weist die Insel bei relativ geringer Breite, ein mächtiges Gebirgsmassiv, mit reichgegliederten vorgelagerten Bergen und steil abfallenden Abrasionsküsten auf, über welche beständig lebenspendend erfrischende Seebrisen und der SO-Passat hinziehen[2]).

---

1) Bernard, p. 132.
2) Bernard, p. 333. Früher war man allgemein der Ansicht, dass der Niauli-Baum Neucaledoniens (Melaleuka viridi-

Gehen wir nun über zum zweiten Hauptteil, zu einer eingehenden Schilderung der Bedeutung Neucaledoniens, zu welcher das Vorhergehende gleichsam Fundament, Basis und Brücke bildet, so dürfte es von Nutzen sein, an die Worte Alexanders v. Humboldt zu erinnern und an seinen Ideengang anzuknüpfen, den er als genialer Meister bei der Beurteilung des beiderseitigen Verhältnisses entwickelt hat. Er schreibt nämlich: „La physiognomie d'un pays, l'agroupement des montagnes, l'étendue des plateaux, l'élévation qui en détermine la température du globe, a les rapports les plus essentiels avec les progrès de la population et avec le bien-être des habitants. C'est cette construction qui influe sur l'état de l'agriculture variée selon la différence des climats, sur la facilité du commerce intérieur, sur les communications plus ou moins favorisées par la nature du terrain, enfin sur la défense militaire, dont dépend la sûreté extérieur de la colonie. Sous ces rapports seuls, de grandes vues géologiques deviennent susceptibles d'intéresser l'homme d'état lorsqu'il calcule les forces et les richesses territoriales des nations." (Alexander v. Humboldt: Essai politique I. 371.)

---

flora, zur Gattung der Myrtaceen gehörend) eine ähnliche fieberverscheuchende Wirkung habe, wie der Eucalyptus in Algerien, Rom, Spanien u. s. w. Als Präservativ gegen Fieber, mit seinen balsamisch duftenden Blättern, wurde er deshalb vielfach zur Verbesserung des Klimas sumpfiger Fiebergegenden kultiviert; eine Ansicht, die allerdings neueren Forschungen und Untersuchungen nicht stand gehalten hat. Noch E. Reclus (Nouv. Géog. Univ., p. 693) erwähnt dessen fieberheilende Kraft. — Leunis, J., Synopsis der Pflanzenkunde, 3. Bd., 3. Aufl., Hannover 1883, § 461.

IV. Bedeutung Neucaledoniens.

Die Wertschätzung und die Bedeutung Neucaledoniens waren natürlich zu verschiedenen Zeiten sehr verschiedene. Sie richteten sich nämlich vielfach nach dem Stand der Forschungen und ergaben sich vor allem aus der Auffindung neuer Hilfsquellen. Eine wie geringe Bedeutung dieser Insel in früheren Zeiten beigemessen wurde, geht aus einem Berichte des Kapitäns Leconte aus dem Jahre 1846 hervor[1]). Derselbe entwirft daselbst folgendes, wenig anziehende Bild von ihr: „Peu favorable à un projet d'établissements et de colonisation; si la Nouvelle-Calédonie a été négligée, c'est qu'elle est négligeable, et n'offre ni ressources ni objets d'échanges."

Allerdings muss in Betracht gezogen werden, dass dies in eine Zeit fällt, in welcher erst schüchterne Versuche gemacht wurden, die eventl. schlummernden Hilfsquellen und Ressourcen zu erschliessen, und die Erforschung und das Studium des Landes in ernstere Bahnen gelenkt wurden.

Einen völligen Umschwung führte die Annektion des Landes herbei, die mit einem Schlage die Sachlage änderte. Voll Enthusiasmus und im Vollgefühl patriotischer Begeisterung schilderte aus Anlass dieses denkwürdigen Ereignisses der Moniteur officiel vom 18. Februar 1854 die Insel in den rosigsten Farben, obwohl ihre Lage eine ganz prekäre und dürftige war. Er schrieb nämlich: „La prise de possession a eu pour but d'assurer à la France dans le Pacifique la

---

1) **Bernard**, p. 322.

position que reclamaient les intérêts de la marine militaire et commerciale, et les vues du gouvernement sur le régime pénitentiaire. La Nouvelle-Calédonie est un excellent point d'appui; mais on ne connaît pas encore assez sa valeur pour tirer partie de ses ressources agricoles et minérales"[1]).

Bei näherer Betrachtung und genauerer Analyse dieser Worte, sind es vornehmlich drei Dinge, die gleichsam den Kernpunkt und die Quintessenz des Ganzen bilden. Drei verschiedene Bedeutungen waren es, die für die Annektion bestimmend und von entscheidendem Einfluss gewesen waren und die die Insel vor 50 Jahren als ein so wertvolles Erwerbsobjekt erscheinen liessen, um es dem französischen Colonialreich anzugliedern. Mögen auch immerhin im Laufe einer 50jährigen Geschichtsperiode, nach Ablauf zon 5 Dezennien rastloser Kulturarbeit und Kulturfortschrittes die Zeiten vielfach sich geändert haben, manch neue Hilfsquellen auf Neucaledonien erschlossen, dem Handel und Verkehr neue Wege geöffnet worden sein, und ferner die politische Konstellation der Staaten sich geändert haben, so können wir heute noch sagen, dass der Wert, mit dem das Eiland damals eingeschätzt wurde, auch z. Zt. derselbe geblieben ist. So sind wir heute noch berechtigt, diese drei Gesichtspunkte als Masstab für die Bedeutung Neucaledoniens anzunehmen. Neucaledonien hat:

1. Eine politisch-militärische,
2. eine handelspolitische, kommerzielle und
3. eine zivilisatorische Bedeutung.

---

[1] Bernard, p. 327

1. Politisch-militärische Bedeutung.

In unserem Zeitalter, wo die Expansionskraft der Kulturmächte und -Reiche riesig gestiegen ist, und die Staaten rastlos und fieberhaft auf die Erwerbung, Ausdehnung und Sicherstellung ihrer überseeischen Kolonien bedacht sind, ist es klar und einleuchtend, dass die Kolonialpolitik und die Kolonialprobleme vielfach auf der Tagesordnung der politischen Erörterungen und Erwägungen sind, und dieselben öfters äusserst brennende und schwierige Fragen bilden. Obgleich nun Neucaledonien zwar nicht jene hohe politische und strategische Bedeutung zukommt, der sich so manches Land, mancher Punkt auf der Erdoberfläche rühmen kann, und diese Insel in der Kolonialpolitik auch nie eine grosse, hervorragende Rolle gespielt hat, ist sie doch als politischer Besitz von keineswegs zu unterschätzendem Werte. Dieser politischen Bedeutung wollen wir uns auch in erster Linie, in richtiger Wertschätzung des historischen Verlaufes zuwenden und dieselbe ins rechte Licht zu stellen versuchen. Darauf bezugnehmend sagte schon im Jahre 1850 Bérard: „Placée à quelques jours des établissements anglais sur la route de l'Inde, sa position géographique fait de la Nouvelle-Calédonie un poste militaire de première importance. Défendue par son récif, elle offre d'excellents abris et un ravitaillement assuré pour une flotte" [1]).

Allgemein gesprochen bildet diese Kolonie vor allem eine feste Operationsbasis für die Kriegs- und Handelsflotten und gewährt der französischen Flotte einen vorzüglichen Stützpunkt in den ozeanischen Gewässern.

---
1) **Bernard**, p. 826.

„Le peuple qui colonise le plus, est le premier", sagt der bekannte Nationalökonom Leroy-Beaulieu[1]) und an diesen Ausspruch wird man so recht lebhaft erinnert, wenn man all die Bestrebungen, das rastlose Ringen und den regen Wetteifer. der Kulturnationen wahrnimmt, die darauf hinzielen und hinauslaufen, die Seefahrt immer weiter auszudehnen und zu vermehren und damit grösseren Einfluss zur See zu erringen.

„Beherrsche das Meer und du beherrschst die Erde", ist der kurze Sinn des englischen Nationalliedes („Rule Britania"), und die Geschichte gibt uns einen Kommentar dazu, indem Stämme, Völker und Staaten der Menschen stets fast genau so viel Anteil an der Weltherrschaft nahmen, als sie sich das Meer unterwarfen und zum dienenden Element gemacht hatten: „Le trident de Neptune c'est le sceptre du monde"[2]).

Es ist nämlich, wie Mahan[3]) mit Recht bemerkt, die Seefahrt und die Beherrschung zur See ein bedeutender Faktor für den Verlauf der Geschichte und die Wohlfahrt der Völker. Die drei Grundpfeiler der Seemacht sind aber: Produktion, Schiffahrt und Kolonien. In diesen drei Dingen — der Produktion, mit der Notwendigkeit des Austausches der Produkte, der Schiffahrt, vermöge deren der Austausch stattfindet, und den Kolonien, welche die Ausübung der Schiffahrt erleichtern, welche sie ausbreiten und welche geeignet sind, sie durch Vermehrung der schutzgewährenden Plätze zu schützen — muss der Schlüssel zu

---

1) Leroy-Beaulieu, De la colonisation chez les peuples modernes, Paris 1887, p. 840.
2) Schleiden a. a. O., p. 602.
3) Mahan, A. T., Der Einfluss der Seemacht auf die Geschichte, Berlin 1896, p. 35.

vielem in der Geschichte und der Politik der an die See grenzenden Völker gesucht werden.

Werfen wir nun einen Rückblick auf die Geschichte Frankreichs in den verflossenen Jahrhunderten: so wird auch sie uns zeigen, wie eng Kolonialmacht und Herrschaft zur See verknüpft sind, und wie letztere auf die Geschicke der Nation und die Lage des Mutterlandes eingewirkt und dieselbe beeinflusst hat. Von zwei Seiten vom Meer bespült, wurde das französische Volk in frühester Zeit sich seiner kolonisatorischen Aufgabe bewusst und trat, von politischen und sozialen Interessen getrieben, auf die hohe See hinaus, dieses grosse Gemeingut aller Völker[1]). Und heute besonders ist das Meer die bequemste und billigste Heerstrasse im internationalen Verkehr. War der Ocean früher das trennende Element unter den Völkern der Erde, so ist er jetzt das eigentliche Bindemittel der Länder und Völker geworden und wird es mit jedem Tage mehr. Einen kurzen Überblick über die Kolonialbestrebungen und eine genetische Darstellung der Ländererwerbungen ermöglichen uns am besten die Bedeutung Neucaledoniens vom militärisch-politischen Standpunkt aus zu erfassen, und dessen Stellung im Rahmen des gesamten französischen Kolonialbesitzes hinreichend zu würdigen. Auf diesem Wege werden auch wir wohl zu der Auffassung gelangen, dass die Annektion vor allem aus rein politischen Motiven angebahnt und erfolgt ist[2]).

---

3) Rambaud, La France coloniale 1885, Paris, p. 14. „Il semble, écrit Richelieu, dans son testament, que la nature ait voulu offrire l'empire de la mer à la France par l'avantageuse situation de ses deux côtes, également pourvues d'excellents ports aux deux mers océane et méditerranée."

1) Rambaud, p. 1. La France, en essayant de recon-

Nach dem Zeitalter der grossen Entdeckungen (1450—1550) traten im 16. Jahrhundert Spanier und Portugiesen im eifrigen Wettbewerb auf. Ihre Macht begann jedoch am Ende des Jahrhunderts zu sinken. Das 17. Jahrhundert sah Frankreich, England und Holland sich zu Seemächten erheben. Es begann die Besiedelung Kanadas durch die Franzosen, das ihnen später nach langem hartnäckigen Ringen von England entrissen wurde. Drei Jahre, drei Daten waren vor allem für die französische Kolonialpolitik verhängnisvoll und überaus reich an Länderverlusten, so zwar, dass die Existenz des Kolonialreiches ernstlich in Frage gestellt wurde. Im Jahre 1713 verlor Ludwig XIV. im Frieden von Utrecht Neufundland, Neuschottland und das Territorium der Hudson-Bai. Im Frieden von Paris 1763, wodurch der Krieg Frankreichs mit Preussen beendet und die Feindseligkeiten mit England beigelegt wurden, trat Frankreich Kanada, Louisiana, von den Antillen St. Vincent, Dominica, Tobago, Senegal und Vorderindien ab[1]). Die Napoleonischen Wirren

---

stituer un empire colonial, n'a fait que reprendre une des plus vieilles et une des plus profitables traditions de son passé. Depuis près de quatre cents ans, c'est à dire depuis que notre patrie a pris conscience de sa force, depuis qu'elle a une marine et des forces militaires, elle a essayé de prendre sa part des mondes nouvellement découverts.

1) Mit welcher Gleichgiltigkeit und Unbefangenheit man sich damals über diese ungeheuren Verluste hinwegsetzte und mit welcher Sorglosigkeit und Mangel an politischer Einsicht man über koloniale Kulturprobleme dachte, davon legen die Worte Voltaire's ein beredtes Zeugnis ab. Derselbe spricht von „quelques arpents de neige au Canada". Gleichlautend war die Antwort, die Bougainville von seiten des französischen Marineministers zuteil wurde, als derselbe an der Spitze einer Gesandtschaft im Jahre 1759 nach Frankreich kam, um Hilfe

endeten schliesslich mit den durch den Frieden von Paris im Jahre 1814 stipulierten Gebietsabtretungen: St. Lucia, Tobago, Ile de France (Mauritius) und französisch Dominica[1]).

Nach diesen zahlreichen, empfindlichen Verlusten trat nun eine Periode der Ruhe ein, und Frankreich streckte erst nach langer Unterbrechung im 19. Jahrhundert von neuem seine Arme aus und jede Regierungsform, sei es Kaiserreich, Königtum oder Republik, hat in der Folgezeit wertvolle Bausteine zu dem gewaltigen Bau des französischen Kolonialreiches, dieses riesigen kolonialen Imperiums, in systematischer Weise hinzugefügt, das besonders in den letzten Dezennien einen ungeahnten Aufschwung genommen und zu ungeheurer Machtentfaltung gelangt ist. Es sei hier bloss an die Entwicklung des französischen Westafrikareiches erinnert[2]).

---

für das von den Engländern arg bedrängte Canada zu erbitten. Sie lautete: „Eh! Monsieur quand le feu est à la maison, on ne s'occupe pas des écuries." — Rambaud, p. 29.

1) Rambaud unterscheidet drei Kolonialreiche: Das erste, gegründet unter Franz I., Heinrich IV., Richelieu, Colbert, ging grösstenteils zugrunde durch die unkluge und verfehlte Politik Ludwigs XIV. und Ludwigs XV. (1763). Aber sogleich begann man mit dem Aufbau des zweiten Kolonialreiches und als auch dieses vernichtet wurde (1814), schaffte und organisierte man ein drittes. — Leroy-Beaulieu, p. 139—176, p. 217. — Kol.-Zeitschr. 1900, p. 353: Der Kolonialgegensatz zwischen England und Frankreich. — Kol.-Zeitschr. 1902, p. 121. 1903, p. 24.

2) Im 19. Jahrhundert erfuhr der Kolonialbesitz Frankreichs folgende Vermehrung und Bereicherung: 1820 Madagaskar; 1830 Algerien; 1839—44 Gabon; 1840 Nossi-Bé; 1842 Tahiti; 1843 Mayotte, Gr. Bassam; 1853 Neucaledonien; 1862 Obok; 1858—62 Cochinchina; 1877 St. Barthélemy, Afrika u. s. w. (La Grande Encyclopédie XI, p. 1104.) Von besonderem Wert und von grosser Bedeutung sind die afrikanischen Besitzungen.

Hier hat sich die französische Macht seit den 80er Jahren am imposantesten entwickelt. Von Senegambien, von Dahome, vom Kongo und von Algier drang sie konzentrisch nach dem Innern vor, und der Traum eines grossen westafrikanischen Kolonialreiches, das vom Mittelmeer bis an den Golf von Guinea und den Kongo reicht, nähert sich seiner Verwirklichung. Nordwestafrika steht heute unter vorwiegend französischem Einflusse. Von den autochtonen Staaten hat nur noch Marokko seine Selbständigkeit bewahrt, doch scheinen auch seine Tage gezählt zu sein. (Vertrag

---

Besonders die Entwickelung vom französischen Westafrika ruft lebhaftes Interesse hervor, da diese Frage zur Zeit eine recht aktuelle geworden ist. Auf Grund von Untersuchungen Prof. Supans hat die Londoner Geogr. Ges berechnet, wie gross der Afrikabesitz der europäischen Mächte heute ist und wieviel Land den noch unabhängigen Staaten verbleibt. Darnach ist Frankreich die in Afrika am meisten interessierte Macht. Auf seinen Anteil entfallen nicht weniger als 3 937 450 englische Quadratmeilen. An zweiter Stelle kommt England mit 3 674 175 Quadratmeilen. Die drittgrösste Afrikamacht ist der Kongostaat mit 918 810 Quadratmeilen. Erst an vierter Stelle kommt Deutschlands Afrikabesitz mit 907 000 Quadratmeilen. Die fünfte Stelle nimmt heute Portugal, welches einst halb Afrika sein eigen nannte, mit 799 400 Quadratmeilen ein. Italien ist in Afrika mit 188 950 Quadratmeilen, Spanien mit 84 950 Quadratmeilen beteiligt. Tripolis, welches wenigstens nominell der Türkei gehört, wird dagegen auf 405 270 Quadratmeilen berechnet. Der Rest entfällt auf die grossen Seen, deren Fläche auf 33 740 Quadratmeilen geschätzt wird; und die drei letzten zur Zeit noch unabhängigen Staaten: Abessinien, Marokko, Liberia. Ersteres umfasst 370 000, letzteres 36 800, Marokko 175 830 Quadratmeilen. Der Flächenraum von ganz Afrika beträgt nach dieser Berechnung 11 531 470 Quadratmeilen. — Deutsche Rundschau für Geographie und Statistik, H. 2, p. 85. — Der Besitzstand Frankreichs beträgt also rund $1/_8$ von ganz Afrika, wovon allerdings die Sahara 1 942 430 Quadratmeilen beansprucht.

Englands und Frankreichs vom 8. April 1904. Geogr. Zeitschrift 1904, pag. 281.) Annales de Géogr. 1904, 279. So sehen wir Frankreich z. Zt. als Mitbewerber mit den ersten seefahrenden Nationen auftreten und der unbeschränkten überseeischen Alleinherrschaft der Briten entgegentreten, mit einem Kolonialbesitz von rund 9 Millionen Quadratkm. mit 45 Millionen Einwohnern, wovon Neucaledonien allerdings nur ein kleines Stück, ein kleiner Bruchteil bedeutet, jedoch im Gesamtgefüge des Kolonialnetzes ein immerhin politisch wertvolles Glied bildet.

Durch Vergleich mit anderen Staaten erhalten wir von der Machtstellung Frankreichs folgendes Bild:

	Fläch. in 1000 qkm	Verh. d. Fläch. a) Mutterland, b) Kolonien	Bevölk. i. Mill. b) Kolonien	Verh. d. Bevölkerung
1. England	29,044	a) 314 1:91	a) 41,6	1:9
		b) 28730	b) 355,5	
2. Russland	22,480	a) 5400 1:3	a) 107,0	5:1
		b) 17080	b) 22,0	
3. Frankreich	6,624	a) 536 1:11	a) 40,0	1:1
		b) 6087	b) 47,0	
4. Deutschland	3,197	a) 541 1:5	a) 56,4	5:1
		b) 2656	b) 12,6	

Frankreich ist, abgesehen von England und Russland, die grösste Kolonialmacht; ihm reihen sich an Holland, Spanien, Portugal, sowie die drei neuen Kolonialmächte Deutschland, Italien und die Vereinigten Staaten. (Dr. M. Eckert: Grundriss der Handelsgeographie, 2 Bde. Leipzig 1905, II. § 145).

Vor allem ist Neucaledonien wichtig als Stützpunkt kolonialen Besitzes, von welchem Wagner bemerkt: Wie klein an Raum, aber von äusserster Wichtigkeit für den Zusammenhang eines weitverstreuten Kolonialreiches sind politisch dem Mutterstaat zu eigen gehörige Stationen längs der Zufuhrwege zu den Kolonien. Sie decken sich im grossen und ganzen mit Ruhe- und Kreuzungspunkten maritimer Welthandelsstrassen und haben daneben strategische Bedeutung. Denn die Ozeane sind die Verbindungsflächen zwischen Mutterland und Kolonie. In dieser Hinsicht hat England durch eine zielbewusste Politik seit Entwickung seiner Seemachtstellung allen anderen Staaten den Rang abgelaufen und mit Hartnäckigkeit Nebenbuhler aus derartigen Stützpunkten vertrieben. Ferner werden bei der Ausdehnung der heutigen Dampfschiffahrt eigene Kohlenstationen für die Kriegsflotten der Seemächte immer dringenderes Erfordernis. Die englischen Kohlenstationen im Mittelmeer, am Ausgang des Roten Meeres, im Atlantischen und Stillen Ozean deuten genugsam an, wie vorausschauend die Briten stets vorgingen, deren Aussenbesitz sich wie ein Netz um die ganze Erde legt[1]).

Wenn nun Frankreich nicht Ähnliches aufzuweisen und Analoges an die Seite zu stellen vermag, so zeigt doch auch sein Aussenbesitz, ein wie weit verzweigtes Netz von Kolonien derselbe umfasst[2]), die sich auf so viele und verschiedene Einzelgebiete erstrecken, eine Kette von Territorien bildend, die besonders in ihrem Zusammenschluss und Zusammenhang strategisch wichtig sind und eine ansehnliche

---

1) Wagner, p. 761. — O. Peschel-Krümmel: Europäische Staatenkunde, Leipzig 1880, I, p. 375. Die britischen Stationen in den europäischen Meeren.

2) Wagner-Supan, Die Bevölkerung der Erde schätzt das französische Kolonialreich auf 32 610 000 Einw. Hingegen:
Supan, Peterm. Mitt. Erg. H., p. 146, J. 1904 auf 50 097 819 Einw.
Scobel, Handbuch, Areal 9 315 000 Quadratm. 45 184 000 „
Wagner, Lehrbuch, p. 765, Areal 12 Mill. . . 69 000 000 „
Zehden, k. Handelsgeogr., Wien 1898, p. 384 43 000 000 „
Deutsche Rundschau f. Geogr., J. 1900 .   44 000 000 „

respektable Macht repräsentieren. Durchgehen wir in aller Kürze den Kolonialbesitz Frankreichs, so finden wir auch hier, dass eine Grundidee überwiegt und das Ganze beherrscht, nämlich das Moment, durch strategische Stützpunkte und Kohlenstationen[1]) die Herrschaft zur See sich zu sichern. Solche Stützpunkte sind das nordafrikanische Kolonialreich, St. Pierre, Miquelon, die Antillen, Guyana für das Mittelländische Meer und den Atlantischen Ozean; für den Indischen und Stillen Ozean: Obok am Roten Meer, Réunion, Madagaskar, Vorderindien, Indochina und Ozeanien. Als vorgeschobene Posten im Südpolarmeere sind zu erwähnen: St. Paul, Amsterdam und Kerguelen.

Neucaledonien ist als Stützpunkt und strategischer Ruhepunkt in der Südsee äusserst wichtig, besonders seitdem Ostasien eine politische Wetterecke bildet und düstere Wolken am politischen Horizont auftauchen. Die Veränderungen nämlich, die innerhalb der kurzen Zeit von etwa 6 Jahren auf der westlichen Halbkugel

---

1) Über die Bedeutung der Kohlenstationen für die Kriegsschiffe auf ihren Etappenstrassen schreibt die Kol.-Zeitschr. 1901, p. 49, wie folgt: Wichtig für Kriegsschiffe ist vor allem die Kohle; denn die Kohle gehört jetzt zu den wichtigsten Ausrüstungsmitteln der Schiffe. Ohne dieselbe ist eines der letzteren wie ein Infanterist, der sich verschossen hat, d. h. so gut, wie ohne Gefechtswert. Während Munition und Proviant in so reichlicher Menge mitgenommen werden können, dass ein vorzeitiger Verbrauch nicht zu befürchten ist, ist die mitzuführende Kohlenmenge immer eine beschränkte. Es muss daher eine Ergänzung in gewissen Zeiträumen möglich sein. England hat schon, wie ein Blick auf die Karte zeigt, sein Kohlenstationssystem mit Erfolg ausgebaut, Frankreich besitzt Kohlenstationen genug, um die Verbindung mit seinen Kolonien aufrecht halten zu können. Die Vereinigten Staaten machen neuerdings in dieser Richtung energische Anstrengungen, Deutschland ebenfalls.

und damit auch in der allgemeinen Weltlage so überraschend schnell sich vollzogen haben, sind äusserst epochemachend für die überseeische und koloniale Politik. Und diese Südsee, also der Teil von den Gestaden Chinas und Japans bis hinunter nach Australien, ist heute für die europäischen Grossmächte in den Mittelpunkt der wirtschaftlichen und politischen Interessen gerückt; sie, die früher eine fast unerreichbare, wüste und völlig tote Stätte war, ein beliebter Zufluchtsort der Verfehmten und Ausgestossenen aller Völker, von Taugenichtsen und verbummelten Genies aus aller Herren Länder, der Tummelplatz der berüchtigtsten Seeräuber aller Zeiten und ein von jedem friedlichen Manne gern gemiedenes Gebiet der Gesetzlosigkeit und des brutalen Faustrechtes[1]). Erst verhältnismässig spät ist das prophetische Wort Georg Forsters aus dem Jahre 1787 zur Wahrheit geworden, dass dieses Inselreich der Südsee dereinst eine Königin der gesamten südlichen Welt werden würde; seitdem jene weltvergessenen Gegenden unserer Antipoden, auf welche nur sehr vereinzelt die Politik ein flüchtiges Streiflicht geworfen hatte, wie aus tiefem Schlaf erweckt und aus vereinsamter Ferne in die Mitte der Weltverkehrs und der Weltpolitik gerückt sind und damit der Schleier von einer heraufziehenden neuen Phase der Weltgeschichte gezogen wurde.

Ein Blick auf die Karte lehrt uns, dass Neucaledonien eine durchaus günstige und vorteilhafte Lage hat. Auf nahezu halbem Wege von Tahiti (4775 km) und Indochina (7000 km) gelegen, bildet dieses Eiland gleichsam einen Stützpfeiler von Asien nach Amerika, gewährt auf der Wasserstrasse von Südamerika nach

---

1) Kol.-Zeitschr., I, p. 22.

und Indien einen Ruhe- und unter Umständen auch einen militärischen Stützpunkt. Vorgelagert ist sie dem grossen australischen Festland, umringt von einem Kranze englischer Besitzungen: von Neuseeland, den Kermadek-, Tongo-, Fidschi-, Ellice-Inseln, von Santakrux, den Salomo-Inseln und Neuguinea[1]).

Diese strategische Bedeutung wird auch von den Franzosen z. Zt. keineswegs verkannt, wie die „Quinzaine Coloniale" 1903 ausdrücklich bezeugt. Sie schreibt nämlich: „Le présent et l'avenir en Nouvelle Caledonie. — Elle est avec Tahiti, la sentinelle avancée de la France dans les mers du Pacifique et le voisinage de l'Australie en fait le facteur principale de notre Politique dans ces parages"[2]).

---

1) Sievers, II. Aufl., p. 67. Frankreich ist namentlich in Ost-Polynesien die Vormacht, doch gibt ihm Neucaledonien auch im Westen eine Stellung. Politische Übersichtskarte von Australien und Ozeanien. Sievers, p. 64. Auch Deutschland hat sich eine beherrschende koloniale Stellung im grossen Ozean geschaffen, wie das ein Blick auf die Karte deutlich zeigt. Seine Stützpunkte sind da: Kaiser-Wilhelms-Land, Bismarck-Archipel, Salomo-Inseln, Karolinen, Marianen, Marschal-Inseln, Deutsch-Samoa, Kiautschou. Kol.-Zeitschr., I. Jahrg., p. 23, Deutschl. Stellung im Gr. Ozean.

2) Schon Pigeard schien die strategische Bedeutung Neucaledoniens in etwa zu ahnen, wenn er im Jahre 1845 schrieb: „L'île aurait une grande importance militaire par le voisinage des grandes colonies anglaises; elle ménagerait à nos escadres des ports au vent et des ports sous le vent pour se ravitailler." — Bernard, p. 321. Welch strategische Bedeutung man der Insel schon früher beilegte, geht aus der Schilderung Balansas hervor, der sagte: „Si l'Angeterre l'eût possédée elle ne se serait pas bornée à en faire une colonie pénitentiaire perdue; elle aurait compris que l'île par sa position, le nombre et la sûreté de ses ports, son climat son incomparable salubrité, est le clef et peut-être la future métropole de l'Oceanie

In richtiger Auffassung und in politischem Verständnis und Würdigung der Lage, war diese politische, militärische Bedeutung auch den Engländern nicht entgangen, und sie suchten auf friedlichem Wege in den Besitz dieser Inselgruppe zu gelangen. Diplomatische Verhandlungen wurden im Jahre 1892 angeknüpft, und als Tauschobjekte Territorien in Afrika in Aussicht gestellt. Doch die Verhandlungen zerschlugen sich und führten zu keinem Resultate[1].

Was die Insel dann weiter als wertvoll erscheinen lässt, ist der Umstand, dass sie von einem weiten Gürtel vorgelagerter Riffe, einem natürlichen Festungswalle vergleichbar, umgeben ist: Riffe, die die Annäherung und Landung feindlicher Flotten erschweren und unter Umständen gefährden können. Die Insel selbst bietet eine Reihe vortrefflicher Häfen in durch-

---

occidentale." — Bernard, p. 390. Ähnlich drückt sich Legrand aus: „Si l'Angleterre possedait la N.-C. et elle a failli nous y devancer, nul doute qu'elle n'eût mis immediatement la main sur les Nouvelles-Hébrides; elle deviendrait ainsi maîtresse suprême en Océanie. Notre présence sur la terre néo-calédonienne lui enlève cette suprématie. En temps de guerre, l'île fournirait à nos navires un abri sérieux, en même temps qu'un centre important de ravitaillements, grâce à ses mines, ses forêts, au développement toujours croissant de son agriculture." — Legrand, p. 12.

1) Peterm. Mitt. 1893, p. 22. Das Jahr 1892 war für die Ausbreitung der britischen Herrschaft in der Südsee ein besonders glückliches (Erwerbung der Ellice- und Gilbert-Inseln). Ging doch das Ausdehnungsbestreben so weit, dass am 19. Oktober 1892 im gesetzgebenden Rate von Victoria ein Antrag eingebracht wurde, Verhandlungen mit den Regierungen von Grossbritannien und Frankreich zu eröffnen zum Ankauf von Neucaledonien und der Neuhebriden. Allerdings wurde der Antrag bald wieder zurückgezogen, da nicht gesagt war, wie die Ankaufsumme zu beschaffen sei.

aus geschützter Lage, wie Kanala, Nouméa. Bei Gründung des letzteren Hafenplatzes durch Tardy de Montravel im Jahre 1854 waren ausschliesslich strategische Gesichtspunkte massgebend[1]). Als Kohlenstation für die Handels- und Kriegsschiffe ist Nouméa von steigender Bedeutung, und wird es in noch höherem Masse werden, wenn sich die lokale Kohlenproduktion gebessert hat, und der Bedarf aus einheimischem Material gedeckt werden kann, woran die Insel reich zu sein scheint.

Ein regelmässiger monatlicher Dampferverkehr, der „Messageries Maritimes" als Nachfolgerin der Peninsular and Oriental Line verbindet seit 1882 diese Kolonie mit dem Mutterland. Nouméa wird in 38 Tagen von Marseille aus über Mahé (Seychellen), Adelaide, Melbourne und Sydney erreicht. Ferner verbindet die Australian Steam Navigation Company Neucaledonien mit Fidschi und Australien zweimal monatlich. Seit 1901 ist die Insel als Flottenstation der französischen Marine ausersehen worden.

2. Ökonomisch-kommerzielle Bedeutung.

Neben der politisch-militärischen Wichtigkeit tritt in der Neuzeit besonders die ökonomisch-kommerzielle Bedeutung Neucaledoniens in den Vordergrund, hervorgerufen hauptsächlich durch den allgemeinen Kulturfortschritt, in erster Linie durch den raschen Aufschwung der Montanindustrie, auf der z. Z. der Schwerpunkt der wirtschaftlichen Interessen liegt. Dies weist uns zugleich auf einige Vorfragen hin, die wir zum

---

1) **Bernard**, p. 327. Nach Montravel sollte Nouméa Kriegshafen, Boulari hingegen Handelshafen werden.

besseren Verständnis der Sache vorerst erledigen wollen; nämlich, welcher Kategorie von Kolonien wir Neucaledonien zuteilen müssen, wie sie sodann am zweckmässigsten und rationellsten ausgebeutet werden kann und ob ihr eine Zukunft blühen wird. Mit vollem Recht sagt daher Leroy-Beaulieu[1]): Toute contrée qui veut coloniser, doit se poser, au préalable, la question suivante: quel est le genre de colonie qui est le plus approprié aux ressources, aux moeurs et au génie de la nation?

Bei einer Einteilung und Gruppierung der Kolonien können verschiedene Gesichtspunkte massgebend sein; meist jedoch werden sie von dem wirtschaftlichen Standpunkt aus klassifiziert. Von dem Hauptzwecke, den man mit der ursprünglichen Begründung verband, unterscheidet Leroy-Beaulieu[2]) drei verschiedene Gruppen: 1. Faktoreien (Comptoir de commerce), 2. Siedelungskolonien (Colonie agricole ordinaire ou de peuplement) und 3. Betriebskolonien (C. de plantations ou d'exploitation)[3]). Am meisten kommen naturgemäss die beiden letzteren Kategorien in Betracht. Eckert[4]) unterscheidet Siedelungs- (Ackerbau und Viehzucht) und Betriebskolonien (Handels-, Plantagen- und Bergbaukolonien). Siedelungskolonien sind solche, die in der Hauptsache zur Unterbringung des Überschusses der einheimischen Bevölkerung geeignet sind. Das Gegenteil davon sind die Betriebskolonien, d. h. die Verwertung des Landes im Plantagenbau und Minenwesen, wo die Europäer die Oberaufsicht und

---

1) Leroy-Beaulieu, p. 748.
2) Leroy-Beaulieu, p. 748, 855.
3) Wagner, p. 757.
4) Eckert, M. Grundriss der Handelsgeographie, 2 Bde., Leipzig 1905, § 104.

Leitung führen und das nötige Betriebskapital hergeben..

Zur letzteren Kategorie müssen wir auch Neucaledonien rechnen [1]), denn es ist vorwiegend eine Bergbaukolonie, erfordert also einen grossen Aufwand an Kapitalien und bedarf wenigstens im ersten Entwicklungsstadium eines Zuzugs fremder, auswärtiger Arbeitskräfte. Dies war zum grossen Teil auch das leitende Motiv bei der Einführung der Deportation [2]).

Nach Feststellung des allgemeinen Charakters dieser Insel, wollen wir übergehen zur Darlegung der ökonomischen Verhältnisse, hinweisen auf die verschiedenen Ressourcen und vor allem die grossen Mineralschätze der Insel einer eingehenden Betrachtung würdigen.

a) Mineralische Bodenschätze.

Da eine Studie über die Montanindustrie, besonders in bezug auf Fundstätten und Lagerung der Mineralien, vor allem die Struktur der Gebirge und den geologischen Aufbau des Landes zu berücksichtigen hat und auf demselben basiert, erscheint es als unerlässliches Postulat, die geologischen Verhältnisse der Insel in aller Kürze zu skizzieren.

Neucaledonien ist mit ziemlich hohen Bergen bedeckt, die das Eiland in einer Zentralkette durchziehen oder vielmehr von einem langen Plateaugebirge erfüllt, welches steil nach NO., sanfter nach SW. zur Küste abfällt und von zahlreichen Erosionstälern zerschnitten ist; ein Gebirgsland mit einer mittleren Höhe

---

1) K. Zehden, Handelsgeographie, Wien 1898, p. 384.

2) Leroy-Beaulieu, p. 750. — Im Jahre 1901 betrug der Exportwert 10 647 187 Frcs. Davon kamen 8 907 599 Frcs. d. h. 83 % allein auf die Mineralien.

von ca. 250 m. Am zweckmässigsten kann man drei grosse Gesteinsformationen oder Zonen unterscheiden,

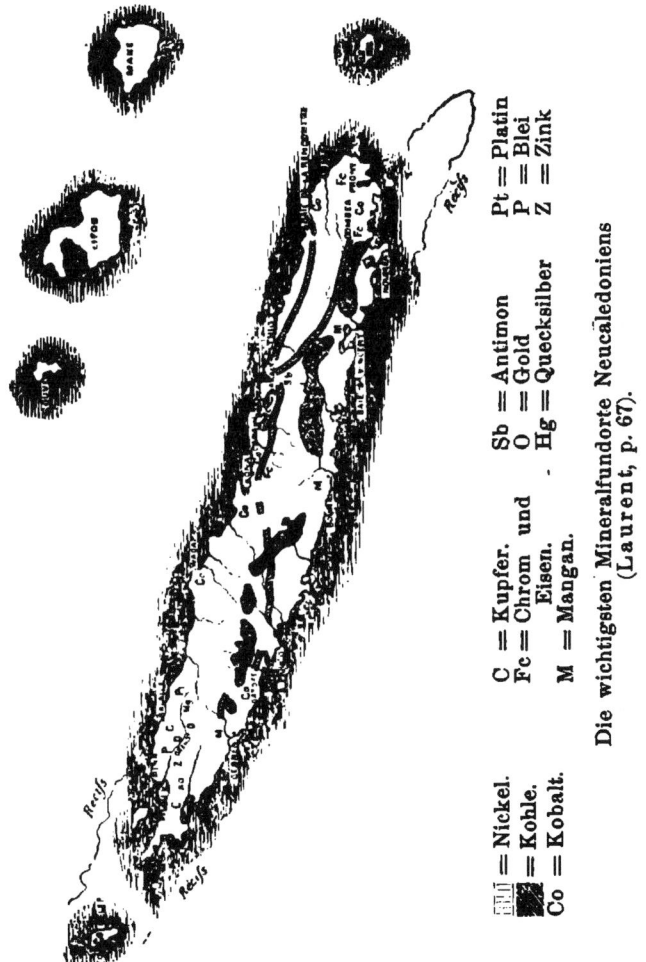

die an dem Aufbau der Insel teilnehmen¹). — 1. Die Zone der Urgebirgs- oder archäischen Gesteine, die

---

1) Glasser, M. E., Les richesses minérales de la Nouvelle-Calédonie, Paris 1904, p. 7—68. — Bernard, p. 55—96. —

in eine untere und obere Schicht zerfallen. Bei ersterer lagert auf Urgneiss die krystallinische Schieferformation, bestehend aus Schichtenreihen von Glimmerschiefern, die öfters in Chloritschiefer und Talkschiefer übergehen, mit eingelagerten Amphiboliten (Hornblenden) und Quarz. Diese Formation herrscht vor im Norden, wo sie ein kurzes hohes Massiv im N.O. bildet, dem auch der höchste Gipfel der Insel der Mt. Panié (1642 m) angehört. Diese Zone ist wasserreich und stark bewaldet und umfasst vor allem das Tal des Diahot, des bemerkenswertesten Flusses der Insel, der eine Länge von 90—100 km, eine Mündungsbreite von 1200 m und eine Tiefe von 2,5—3 m aufweist.

Die jüngere, obere Abteilung der archäischen Formation, bestehend aus Phylliten, die öfters in Tonschiefer übergehen, aus Serizit-Schiefern und krystallinischen Kalksteinen, nimmt die übrige nördliche Hälfte der Insel ein, mit Ausnahme eines Streifens an der Westseite, bestehend aus Eruptivgesteinen. Dieses Schiefergebirg ist ein nicht über 1000 m hohes Plateau, oben ebenflächig, aber von schroffen Schluchten, voll üppigster Vegetation durchschnitten. Diese älteren Gesteinsarten streichen gegen N.O., während alles übrige Gebirge der Insel grade umgekehrt nach N.W. streicht. 2. Die Zone des mesozoischen Schichtenkomplexes: Trias, Jura, Kreide[1]). Trias zieht sich

---

Pelatan, L., Les mines de la Nouvelle-Calédonie, Paris 1892, p. 5—56. — Suess, II, p. 203. — Laurent, Les produits coloniaux d'origine minérale, Paris 1903, p. 27. — Peterm. Mitt. 1893 Lit., p. 53. — Leunis, Joh., Synopsis der Mineralogie und Geognosie, 2 Bde., Hannover 1875. — Sievers, II A, p. 326.

1) Nach Piroutet (Note préliminaire sur la géologie d'une partie de la Nouvelle-Calédonie. — Peterm. Mitt. 1904, p. 144) wurden festgestellt: Carbon (?), obere Trias, Lias, oberer

— 73 —

stark gefaltet der ganzen S.W.-Küste entlang und bildet ein unregelmässig gestaltetes Hügelland von 200—600 m Höhe. Jura und Kreide, bestehend aus Tonschiefern und Sandsteinen, sind von zahlreichen Melaphyren (Eruptivgesteinen) durchsetzt. Die Tonschiefer sind bewaldet, die Sandsteine hingegen tragen nur Kräuterwuchs. Sie sind in einzelnen Flecken der Trias aufgelagert und durch ihre zahlreichen und ansehnlich mächtigen Steinkohlenflöze bemerkenswert. Die Tertiärformation konnte bisher noch nicht nachgewiesen werden.

Alluvionen sind sehr wenig ausgedehnt; gehobene Korallenriffe finden sich an mehreren Stellen der Küsten, besonders aber bestehen die benachbarten Loyalty-Inseln aus solchen, die als ganz ebene, bis 60 m hohe Tafeln von Korallenkalk erscheinen, welche rings mit steilen Abfällen zum Meere abbrechen. Über die Riffe haben wir das Wesentliche schon früher hervorgehoben.

3. Die Eruptivgesteine. Von älteren plutonischen Gebilden hat man nur an zwei Stellen Granit nachgewiesen (auf dem Gipfel des Petit und Grand Koum, 600—700 m Höhe und im Flusstale des St. Louis. Glasser pag. 16). Weit verbreitet sind besonders postkretazeische Serpentine[1]), die für Neucaledonien äusserst

---

Jura und Kreide mit Kohlenflözen. Die Schichten sind gefaltet, Streichrichtung im allgemeinen N.W.—S.O., aber mit zahlreichen Abweichungen, besonders in der Zentralkette.

1) Serpentin ist ein dichtes oder feinkörniges mildes, im Bruche mattschimmerndes, durch Umbildung entstandenes, also sekundäres Gestein von düster grünen, seltener braunen Farben, häufig mit dunklen, flammigen oder geäderten Zeichnungen. Er besteht in reinstem Zustande lediglich aus dem Mineral Serpentin, umschliesst jedoch meist noch Reste seines Urgesteines,

charakteristisch und bezeichnend sind ($^1/_3$ des Gesamtareals = 600 000 ha bedecken sie nämlich). Sie bilden als ein hohes und zerrissenes Gebirge (Mt. Humboldt 1634 m, St. Vincent 1445 m) das südliche Drittel der Insel und ziehen sich dann noch in einer Reihe von Kuppen durch die ganze Länge der Insel hindurch. Die Serpentine sind an der Oberfläche von einem tiefen, roten, eisenschüssigen Verwitterungston bedeckt und fast wüstenhaft unfruchtbar. Sie sind aber die Fundstätten zahlreicher Mineralien. Auch treten in ihnen zahlreiche Mineralquellen und heisse Sprudel auf.

Analog nun diesen geologischen Zonen, den Trägern der Erze und Metalle, unterscheidet man drei grosse Mineraldistrikte [1]).

1. Gold, Kupfer und Blei in der archäischen Formation: Im NO. der Insel; Zentrum ist die Gegend des Diahottales.

2. Antimon, Mangan, Kohle in der Triasformation: Im SW. mit Nouméa als Zentrum.

3. Eisen, Chrom, Kobalt, Nickel in der Serpentinformation: Im SO.; Zentren sind Thio und Kanala.

Fürwahr eine Fülle, ein Reichtum und eine Mannigfaltigkeit von mehr oder weniger wertvollen Mineralien, wozu ausser den oben genannten noch: Silber, Zink, Platin, Graphit, Amiant, Datolith, Gips, Magnesit, Marmor und Quecksilber hinzutreten! [2]) An-

---

so namentlich Olivin, Bronzit, Augit, Hornblende oder Pyrop, ferner Produkte der Gesteinsumwandlung: Magneteisen, Chromeisen u. s. w. — Credner, Elemente der Geologie, Leipzig 1887, p. 49. — Roth, Allgemeine chemische Geologie, 2. Bd., Berlin 1879/84, p. 11.

1) Bernard, p. 343. — Pelatan, p. 52. — Glasser, p. 67.

2) Laurent, p. 32. Neben Neuseeland ist Neucaledonien die einzige Insel Ozeaniens mit so ergiebigem Erzreichtum.

dererseits aber auch eine Ergiebigkeit an Produktion, die der Insel ein besonderes Gepräge verleiht und sie zu einem mineralreichen Lande erhebt. Bildet doch die Mineralausfuhr, in erster Linie Nickel, den hauptsächlichsten und bedeutendsten Faktor des Exporthandels, besonders in den letzten Dezennien, und würde es zweifelsohne noch mehr werden, wenn der Bergbau in erheblicherem Masse und mit grösserer Intensität gefördert und betrieben würde.

Gehen wir nun zu einer detaillierten Aufzählung und Beschreibung der einzelnen Mineralien über, so lässt sich von vornherein sagen, dass der Wert und die Produktion oft sehr schwankend und vielen Zufälligkeiten unterworfen sind. Im Anfange setzte man grosse Hoffnungen auf die Gold- und Kupferminen. Nach Entdeckung des Nickels jedoch lief dieses Metall allen übrigen den Rang ab. Und erst vor kurzer Zeit gewinnt neben ihm die Kobalt- und Chromproduktion grössere Bedeutung. In allerneuester Zeit schenkt man auch der Kohlenausbeute mehr Beachtung.

1. Nickel.

An erster Stelle unter den bergmännischen Produkten Neucaledoniens steht die Nickelproduktion, die sozusagen der Lebensnerv der Insel ist und voraussichtlich auch für die fernere Zukunft den grössten wirtschaftlichen Wert repräsentieren wird, da die Nickelerze von jeher in der Liste der Exportartikel an erster Stelle stehen. Entdeckt wurden diese Nickelerze, dieses neucaledonische Metall „par excellence", im Jahre 1863 und zuerst von J. Garnier[1]) im Jahre

---

1) **Jules Garnier**, Der französische Forschungsreisende Bergingenieur J. Garnier ist am 8. März 1904 zu Mentone im

1867 untersucht und näher bestimmt. Zu Ehren des letzteren, der in der wissenschaftlichen Erforschung Neucaledoniens Hervorragendes geleistet und sich ein bleibendes Verdienst gesichert hat, erhielt dieses caledonische Nickelerz den Namen Garnierit[1]), welches neben dem Kupfernickel oder Nickelin[2]) als wich-

Alter von 65 Jahren gestorben. Schon 1863 untersuchte er Neucaledonien auf seine nutzbaren Mineralien und veröffentlichte dann eine Geologie und die erste geologische Karte von Neucaledonien (Essai sur la géologie et les ressources minérales, avec une carte géologique de la Nouvelle-Calédonie, Paris 1867). Es folgten 1868—1875 andere Publikationen über das französische Ozeanien. Nach verschiedenen bergmännischen Missionen nach Schweden, Norwegen, Russland, den Vereinigten Staaten und Kanada besuchte er mit seinem Sohne Pascal die Goldfelder von Transvaal und veröffentlichte über dieselben 1896 ein Buch. Eine andere Reise unternahmen Vater und Sohn nach Neuseeland, worüber 1898 ein neues Werk erschien. Als beide in Australien die Victoria-Wüste besuchten, hatte Garnier den Schmerz, seinen Sohn Pascal im Alter von 26 Jahren zu verlieren. Sein letztes Werk veröffentlichte er 1900 über West-Australien. — Deutsche Rundschau f. Geogr. u. Stat. 1904, p. 423.

1) Bernard, p. 347. — Glasser, p. 70. Die Nebenbezeichnung „Noumeait" (Nouméite) stammt von Prof. Liversidge aus Sydney, der wenige Jahre nach der Entdeckung des neucaledonischen Nickels zwei Mineralien, den Garnierit und Noumeait, unterschied.

2) Neumayr, II, p. 623. Das Kupfernickel oder Nickelin, ein meist derbes aus 43,6 Nickel und 56,4 Arsen bestehendes Mineral, verdankt seinen Namen „Kupfernickel" nicht einem Zusatz von Kupfer, sondern seiner leicht kupferroten Färbung. Daneben sind noch der Arseniknickelglanz oder Gersdoffit mit 35,1 Nickel, 45,5 Arsen und 19,4 Schwefel. Der Antimonnickelglanz oder Ullmannit mit 27,4 Nickel, 57,5 Antimon und 15,1 Schwefel. Der Nickelkies mit 64,5 Nickel und 35,5 Schwefel, sowie der Chloanthit, eine Verbindung von Kobalt, Nickel, Eisen und Arsen, zu nennen. Die Nickelerze haben auf ihren Lagerstätten fast stets Kobalterze im Gefolge: den Speiskobalt oder Smaltin und den Glanzkobalt oder Kobaltin. Der erste

tigstes Nickelerz auftritt und sich als ein wasserhaltiges Silicat von Nickel und Magnesia erwies. Wie an manchen anderen Lagerstätten so ist das Nickelerz auch hier an Serpentin und Olivingestein gebunden und wird von Kobalt, Chrom und Eisenverbindungen begleitet [1]).

Die regelmässige Ausbeutung der überaus reichen neucaledonischen Lagerstätten (250000 ha Bodenfläche) begann im Jahre 1875. Da nun diese Nickelerze vermöge ihrer chemischen Zusammensetzung [2]) eine leichte,

---

bildet eine Verbindung von Kobalt und Arsen mit kleinen Mengen von Eisen, Nickel und Schwefel; der zweite besteht aus Kobalt, Arsen und Schwefel.

1) Roth, I, 225. Auf nickelhaltiges Chromeisen ist auch der Garnierit zu beziehen, der sich mit Chromeisen und Steatit im Serpentin bei Nouméa (Neucaledonien) als apfelgrünes, amorphes, wasserhaltiges Nickeloxydul-Magnesiasilikat mit sehr wechselnder chemischer Zusammensetzung findet.

2) Analyse von Nickelerzen:

Nickeloxydul	9,00 (Metall: Nickel 7,00)
Kieselsäure .	43,00
Chromoxyd . .	0,50
Eisenhyperoxyd .	14,00
Aluminium	1,50
Magnesia . .	21,00
Kobaltoxydul	0,25
Wasser .	. . 11,00
	100,25 — Laurent, p. 238.

	1.	2.	3.
SiO^2	42,61	35,45	44,40
NiO	21,91	45,15	38,61
MgO	18,27	2,47	3,45
$Al^2O^3 + Fe^2O^3$	0,89	0,50	1,68
FeO	—	—	0,43
CaO	—	—	1,07
H^2O	15,40	15,55	10,34
	99,08	99,12	99,98 — Glasser, p. 74.

billige Verhüttung gestatteten, die zum Teil an Ort und Stelle geschah, so ging, trotz mancher empfindlichen Rückschläge, die Nickelproduktion ganz gewaltig in die Höhe und nahm riesige Dimensionen an. Betrug vor 1875 die jährliche Nickelgewinnung der Erde nur 400 t, die sich auf Deutschland, Ungarn, Schweden, Norwegen, Spanien, Pennsylvanien (Lancaster Cap) verteilten, so stieg seither die Produktion enorm. Die Folge davon war ein starkes Sinken der Nickelpreise auf dem Weltmarkte. Die reichsten Erzlager auf Neucaledonien wurden bei Dombéa, Canala, Nakety, Thio und Houailou entdeckt[1]).

Die Produktion des Jahres 1901, die sich auf 133 676 t, belief, verteilte sich auf folgende Distrikte:

Westküste	Mine Etoile du Nord zu Koumac...	500 t
	Mine Nouvelle-Espérance au mont Ouazangou	18 000 „
	Mine Kataviti zu Koné	13 669 „
	Mines de Népoui	36 985 „
	Mine des Barbouilleurs bei Dumbéa	3 613 „
Ostküste	Mines Française et Fathma zu Poro	9 699 „
	Mines de Kouaoua .	3 390 „
	Mines de Canala	5 800 „
	Mines de Thio	41 900 „
	Mine Bienvenue zu Nakety . .	120 „
		133 676 t

Analog der Produktion ist auch der Verbrauch und die Nachfrage nach Nickel stark gestiegen.

Nickelverbrauch der Erde [2]) von 1898—1902.

1898	. 6 600 t	1899	6 700 t
1900	. 7 200 „	1901 .	7 400 „
	1902 . .	6 800 t	

---

1) Laurent. p. 239. 2) Glasser, p. 212.

Das Nickel findet heute seiner vorzüglichen Eigenschaften wegen erfolgreiche Verwendung in den verschiedensten Industriezweigen. Es sei hier nur erinnert an das Münzmetall, an die Fabrikation der Flintengeschosse, des Nickelstahls zur Herstellung von Panzerplatten und neulich sogar für Eisenbahnschienen, (Pennsylvanian Railroad Co. Pittsburg 1903), ferner sei erinnert an die silberähnlichen Legierungen, Britannia Metall, Argentan, Neusilber[1]), sodann die Herstellung von Luxusgegenständen, Beschlägen, Tischgeräten. Eine ganz hervorragende Bedeutung hat es aber seit den erfolgreichen Versuchen von Dr. Fleithmann (Iserlohn) in der galvanischen Vernickelung. Bei diesem Verfahren kommen vor allem Eisen, Stahl, Zink und Messing zur Verwendung[2]).

Die neucaledonischen Erze gehen fast ausschliesslich über Havre, Glasgow und Rotterdam nach Europa, wo sie in den Filialen der grossen Nickelgesellschaft verhüttet werden. Die jährliche Nickelgewinnung von Havre und Glasgow (Kirkintilloch) beträgt 1500 bis 1800 t metallischen Nickels. Von Rotterdam gelangen die Erze nach Deutschland (Iserlohn), das jährlich 1000—1200 t Nickel erzeugt[3]).

---

1) Neusilber (Legierung aus Kupfer, Zink, Nickel) ist sehr politurfähig, beständig an der Luft und wird von saurer Luft viel weniger angegriffen als Kupfer und Messing.

2) Neumayr, II, p. 634. Obwohl Cronstedt schon im Jahre 1751 das Nickelmetall darzustellen gelehrt hatte, liess die Industrie in Europa dieses Metall doch lange Zeit unbeachtet. In China wurde Nickel schon seit Jahrtausenden zur Waffenfabrikation verwendet. — Laurent, p. 234. Weltbekannt ist die Christofle Ware von der Firma Christofle in Paris.

3) Glasser, p. 205.

Neucaledonische Erze wurden verhüttet in:

	Frankreich	Deutschland	England
1896	1545 t	822 t	340 t
1897	1245 t	898 t	715 t
1898	1540 t	1108 t	1000 t
1899	1500 t	1200 t	1000 t [1].

Zweimal wurden Versuche gemacht, die Erze an Ort und Stelle zu verhütten, so vom Jahre 1879—1885 zu Chaleix bei Nouméa, 1889—1891 zu Ouvoué. Jedoch der gewünschte Erfolg blieb der riesigen Kosten wegen aus, und so nehmen die Erze von neuem ihren Weg wieder nach Europa, um daselbst verhüttet zu werden.

Export von neucaledonischen Nickelerzen.
1875—1903.

Jahr	Export von Nickelerzen	Wert	Metall. Nickel
1875	327 t	327 000 Frcs.	39 t
1876	3 406	1 703 000	408
1877	4 377	1 720 000	525
1878	155	46 000	18
1879	—		—
1880	2 528 ⎫ (5058)	506 000	253 ⎫ (506)
1881	4 069 ⎭	814 000	407 ⎭
1882	9 025 (6392)	1 624 000	812 (537)
1883	6 881 (6768)	1 240 000	620 (615)
1884	10 888 (7994)	1 578 760	871 (637)
1885	5 228 (1095)	731 920	418 (99)
1886	921	184 200	92
1887	8 602	1 075 000	688
1888	6 616	827 000	530
1889	21 000 (1250)	2 625 000	1680 (114)
1890	24 590 (1900)	2 827 000	1960 (174)
1891	54 081 (160)	5 678 000	4326 (15)
1892	35 951	3 235 000	2507
1893	45 613	3 877 000	3180
1894	40 089	2 806 230	2795
1895	38 976	1 948 800	2484
Übertr.	323 323 (30 617)	35 373 910	24 613 (2697)

---

1) Laurent, p. 243.

Jahr	Export von Nickelerzen	Wert	Metall. Nickel
Übertr.	323 323 (30 617)	35 373 910	24 613 (2697)
1896	37 467	1 586 015	2388
1897	57 639	2 017 365	3458
1898	74 614	3 357 630	4356
1899	103 908	5 507 124	5640
1900	100 319	5 879 000	5975
1901	133 676	4 580 000	7218
1902	129 653	4 579 000	7045
1903 (9 M.)	62 701	—	—
	960 599 (30 617)	62 880 044	60 693 (2697)

Die eingeklammerten Zahlen geben die Mengen der auf der Insel verhütteten Erze an. — Glasser p. 214.

Die Nickelproduktion der Erde und die Konkurrenzbedingungen der einzelnen Länder [1]).

A. 1840—1890.

In Tonnen zu 1000 kg	Jahresdurchschnitt									
	1840 —50	1851 —60	1861 —68	1869 —73	1874 —76	1877 —81	1882 —84	1885 —87	1888 —89	1890
Deutschland und Österreich-Ungarn	ca. 50—150	100 -150	150—250			ca. 100?	nicht über 50—100			
Norwegen	—	20	40	72	283	101	118	114	95	100
Italien, Spanien, Russland u. a. europ. Länder	—	—	—	—	—	—	—	—	—	—
Schweden	10?	30?	50 —60	65 —70	60	60	30 —40	15	10—15	10
Vereinigt. Staat.	—	—	—	ca. 60—70		ca.25?	—	—	—	--
Neucaledonien	—	—	—	—	—	250	800	750 —800	850 —1000	?
Kanada	—	—	—	—	—	600	—	—	ca. 250	607
Summe	100—250	250 —300	500	700	600	1050—1200	1250 —1500			ca. 2000

1) Peterm. Mitt. Lit. B. 649. — Vogt, Nikkelforekomster og Nikkelproduktion, Kristiania 1892.

B. 1890—1901 [1]).

Jahr	1889	1890	1891	1892	1893	1894	1895	1896	1897	1898	1899	1900	1901
Neucaledonien	1381	1633	2449	2800	2800	2422	2548	2972	2858	3608	3945	4676	6202
Kanada	310	651	2099	1889	1811	2226	1764	1541	1813	2503	2605	3212	4032
Union	99	91	55	44	12	4	5	8	15	5	9	4	3
Übrige Länder	88	80	103	89	90	103	17	16	—	—	47	—	164
Summe	1878	2455	4706	4822	4713	4755	4334	4537	4686	6116	6506	7892	10401

Im Welthandel nahm Neucaledonien bis zum Jahre 1890 die erste Stelle unter den Nickelproduzenten ein (England, Deutschland, Österreich-Ungarn und Skandinavien) und beherrschte den Weltmarkt mit seiner hohen Produktionsziffer. Seit dem Jahre 1888 erstand ihm ein gefährlicher Gegner und Konkurrent, nämlich Kanada. Dasselbe birgt reiche Nickelerzlager (nach Schätzung 650 Millionen Tonnen Erz-Pyrite mit 4 °/₀ Nickelgehalt) bei Sudbury in der Provinz Ontario. Diese Erze gestatten infolge der günstigen Lage an den grossen Verkehrsstrassen (an der Canadian Pacific Railway und in der Nähe der grossen kanadischen Seen gelegen) eine verhältnismässig billigere Verhüttung (Elektrolyse), wodurch diese Industrie einen grossen Aufschwung genommen hat und zur Zeit reichliche Erträge liefert.

Nickelproduktion Kanadas [2]).

	1897	1898	1899	1900	1901
Nickelerze (Produkt.)	84 575 t	112 510 t	184 431 t	196 760 t	296 866 t
Nickelerze (Verhütt.)	87 252 „	110 707 „	155 487 „	192 460 „	245 504 „
Kupfergehalt	p. 100 2,86	p. 100 3,43	p. 100 1,66	p. 100 1,59	p. 100 1,28
Nickelgehalt	2,08	2,28	1,68	1,67	1,64
Nickelmetall	1815 t	2524 t	2608 t	3214 t	4032 t

1) Laurent, p. 243. — Glasser, p. 212.
2) Glasser, p. 234.

Infolge dieser ungünstigen Konkurrenzbedingung trat alsbald eine Krisis ein (1892—97), und Neucaledonien sank von seiner einstigen Höhe herab. Neucaledonien und Kanada sind zur Zeit die beiden grossen Nickellieferanten der Erde. Die Produktion der übrigen Länder ist eine sehr minimale, betrug sie doch im Jahre 1901 nur 167 t. Ein heftiger Konkurrenzkampf ist zwischen diesen zwei Ländern entbrannt. Neucaledonien ist jedoch, trotz aller Anstrengungen Kanadas, das erste Nickelland der Erde geblieben. Ob es dies auch in Zukunft bleiben wird, lässt sich zur Zeit schwer voraussagen. Dieser wirtschaftliche Kampf hatte auch ein rasches Sinken des Nickelwertes zur Folge. Während nämlich 1830 ein kg Nickel 62 Frcs. kostete, sank der Preis dieses Metalles im Jahre 1850 auf 33 Frcs., 1880 auf 12 Frcs., 1890 auf 5,60 Frcs., 1895 sogar auf 2,40 Frcs. infolge der heftigen Konkurrenz Kanadas. Zur Zeit schwankt der Preis pro kg zwischen 3, 4 und 5 Frcs.[1]).

Um die Produktion der Nickelerze auf Neucaledonien zu steigern und diese Industrie, die für die Insel von der grössten Bedeutung ist, kapitalkräftiger und konkurrenzfähiger zu gestalten, wurden im Laufe der Jahre mehrere Aktien- und Bergwerksgesellschaften gegründet, von denen drei fast ausschliesslich das Nickelmonopol in den Händen haben. Diese sind: „Le Nickel"[2]), „Société minière Calédonienne" und „l'International Nickel". Hinzu kam in

1) Bernard, p. 352. — Glasser, p. 287.

2) Le Nickel, Société anonyme, Capital 15 Mill. Francs, Siège Sociale à Paris. — Succursale, Iserlohn (Westphalie) ancienne maison Flcithmann & Witte à Nouméa (N.-C.). — Mines en Nouv.-Cal. — Usines: au Havre (France), à Iserlohn (Westphalie) ancienne maison Fleithmann & Witte, à Birmingham et à Glasgow.

— 84 —

neuester Zeit noch eine amerikanische Gesellschaft: „Nickel Corporation limited", die 1901 30000 t nach der Union exportierte. Die bedeutendste Gesellschaft ist die im Jahre 1881 unter Higginsons Leitung mit einem Stammkapital von 6$^{1}/_{2}$ Millionen Frcs. gegründete Gesellschaft „Le Nickel", die auch den Löwenanteil an der Nickelproduktion Neucaledoniens hat. Diese Gesellschaft hatte 1901 eine Nickelausbeute von 51000 t, also etwa die Hälfte der Gesamtproduktion. Konzessionen waren im Jahre 1901 11 vorhanden, die 9186 ha Bodenfläche umfassten und 2800 Arbeiter beschäftigten (Laurent pag. 244).

2. Kobalt.

Reich ist die Insel auch an Kobalterzen. Kobalt[1]) ist meist der Begleiter von Nickel und teilte insofern dessen Geschick, als sein Wert lange verkannt wurde[2]).

Die Kobalterze Neucaledoniens gehören zu den Asboliten (Varietät von Wad-Manganoxyd mit mehr oder weniger Kobaltoxyd), deren Lagerstätten sehr selten sind. Diese Kobalterze finden sich noch vor

---

1) Neumayr, II, 634. — Glasser, p. 240—278. — Laurent, p. 244.

2) Neumayr, II, 634. Da die Kobalterze zugleich mit anderen gefördert wurden, betrachtete man die Kobalt- und Nickelerze als ganz unverwertbar, bis in der ersten Hälfte des 16. Jahrhunderts im Erzgebirge zufällig entdeckt wurde, dass Glasflüsse durch einen Zuschlag von Kobalterzen blau gefärbt wurden. Im Anfange des 17. Jahrhunderts verwendete man die Kobalterze zur Herstellung blauer Deck- und Malerfarben (Smalte), die man durch Schlämmen und Reinigen tiefblauer Glasflüsse erzeugte. Seit 1845 wurden jedoch Smalte durch die lebhafteren Anilinfarben stark zurückgedrängt. Vom reinen Metall-Kobalt macht man trotz seiner schätzenswerten Eigenschaften wenig Gebrauch, da die Darstellung zu kostspielig ist.

in Hessen, Thüringen und in der Union. Aber von einer regelmässigen Ausbeute kann nur in Neucaledonien und Neusüdwales die Rede sein.

M. Garnier schien von dem Vorkommen der Kobalterze keine Ahnung zu haben, denn er, ebensowenig wie Heurteau, erwähnt dieses Erz in seinem Buch über die mineralischen Schätze Neucaledoniens (1867). Die Entdeckung fällt in das Jahr 1876, wo das Erz bei Bogota zwischen Nakety und Canala gefunden wurde. Von 1877—83 betrug die Ausbeute kaum wenige Säcke dieses Erzes. Seit dem Jahre 1883 jedoch stieg der jährliche Export auf 2000—3000 t, in manchen Jahren sogar auf 4000—5000 t. Der Gesamtexport Neucaledoniens innerhalb der letzten 20 Jahre dürfte wohl 60 000 t Kobalterze betragen mit 4—5 % Kobaltoxyd und 3,15 % metallischem Kobalt. Mit der steigenden Produktion sank auch der Preis des Metalls, der von 60 Frcs. pro kg auf 25 und sogar auf 15 Frcs. zurückging.

Kobaltproduktion.

1896	5 204 600 kg	Export
1897	. 4 570 438 „	„
1898	2 373 166 „	„
1899	3 287 912 „	„
1900	2 437 691 „	„
1901	3 123 150 „	„
1902 .	7 512 220 „	„
1903	7 393 084 „	„

Die Produktion des Jahres 1901 von 2552 t Kobalterze, verteilte sich auf 35 Gruben, die den beiden Längsküsten der Insel entlang liegen [1]:

---

[1] Analyse von neucaledonischen Kobalterzen:
Eisen-Hyperoxyd 14,531
Aluminium . . 27,549

Dôme de Tiebaghi (4 Gruben) .	900 Tonnen
Poume (4 Gruben) . . .	498 „
Plateau de Tiea (5 Gruben) .	215 „
Iles Yandé et Pott (2 Gruben) .	189 „
Baie d'Oland (1 Grube)	165 „
Baie du Sud (6 Gruben)	145 „
Baie de Bâ bei Houailou (2 Gruben).	136 „
Ile des Pins (1 Grube) . .	124 „
Ounia und Yaté (3 Gruben) .	62 „
Thio (1 Grube).	37 „
Kaféate bei Koné (1 Grube) .	21 „
Ouinné (1 Grube) .	18 „
Boulari (1 Grube) .	15 „
Poro (1 Grube) . .	12 „
Baie Ouié (1 Grube) . . . . / .	10 „
Baie des Pirogues (1 Grube) . . .	5 „
	2552 Tonnen

In den Jahren 1880—84 und 1891—92 geschah die Verhüttung der Kobalterze auf Neucaledonien selbst. Gegenwärtig geht der Export der Roherze nach Europa, wo das Metall in den verschiedensten Industriezweigen Eingang gefunden hat, vor allem in

Kalk . .	1,400
Magnesia .	0,956
Manganoxyd .	13,650
Kobaltoxyd	4,519
Nickeloxyd . .	2,691
Unlösliche Teile .	4,593
Sauerstoff	4,313
Verlust bei Kalzinierung	25,600 —Laurent, p. 246.

SiO^2 .	50,75	$MgO + CaO$	14,50
Fe^2O^3 .	. . 11,50	CoO . .	2,50
Mn^3O^4	14,00	NiO . .	—
Al^2O^3 . . .	—	Wasser etc. . .	6,80
			Glasser p. 244.

der keramischen Industrie, in der Porzellan- und Emailfabrikation. Bei dem hohen Preise des Metalles (im Jahre 1900 kostete die Tonne 100 Frcs. — 1902 stieg der Preis auf 330 Frcs.) hat dieses Metall nicht denselben raschen Verbrauch und dieselbe vielseitige Verwendung gefunden, wie das Nickel, das zu ihm im Wert von 1 : 10 steht. Der jährliche Verbrauch an Kobalt beläuft sich nur auf 150—200 Tonnen, wofür Neucaledonien mit seiner hohen Produktionsziffer von 3000—4000 Tonnen reichlich aufkommt. Eine gefährliche Konkurrenz hat Neucaledonien für die nächste Zukunft kaum zu befürchten, da es allein 90% der Gesamtproduktion der Erde liefert, und somit fast das absolute Monopol besitzt.

Kobaltproduktion der Erde.

	1896		1897		1898		1899		1900	
	Menge t	Wert Frcs.	Menge t	Wert Frcs.	Menge t	Wert Frcs.	Menge t	Wert Frcs.	Menge t	Wert Frcs.
Neucaledonien	4823	482 300	4757	475 700	2373	237 300	3294	336 000	2438	275 500
Neusüdwales	—	—	—	—	119	14 000	193	22 975	145	89 750
Chile	—	—	6	780	18	4 540	55	20 450	27	10 060
Spanien	18	9 000	13	17 000	—	—	—	—	—	—
Norwegen	29	13 500	24	13 500	21	10 800	—	—	—	—
Preussen	181	49 340	121	31 280	34	8 500	17	4 250	4	800
Summe	5051	554 140	4921	538 260	2565	275 140	3559	383 675	2614	326 110

3. Chrom.

Chrom ist eines jener seltenen Metalle, die für die Herstellung von Mineralfarben Bedeutung haben [1]). Das einzige Chromerz ist der Chromit oder Chrom-

---

1) Neumayr, II, 634. — Laurent, p. 247. — Legrand, p. 180. — Glasser, p. 279—320.

eisenstein, ein schwärzliches zusammengesetztes Mineral, das körnig krystallinisch von grauer schwarzer Farbe ist und manchen Magneteisensteinen sehr ähnlich erscheint. Einen grossen Reichtum an derartigen Chromeisenerzen bergen ausser Neucaledonien die Serpentine der Balkanländer, Bosnien und Griechenland, ferner Kleinasien, der Ostabhang des Urals. Der Chromit wird zu Chromverbindungen, insbesondere zur Darstellung der grünen und gelben Chromfarben und verschiedener Chrompräparate, benützt. In der Neuzeit wird metallisches Chrom — nach dem Goldschmidtschen Verfahren rein dargestellt — dem Stahl zugesetzt, um seine Härte zu steigern. Die Entdeckung der neucaledonischen Chromerze fällt in das Jahr 1875. Garnier und später Heurteau waren ganz erstaunt über das reichliche Vorkommen von Chromeisenstein auf Neucaledonien. In Trümmern, Nestern und zahlreichen Lagerstätten auftretend, verteilen sich diese Erze über die ganze Serpentinregion, so im Süden an der Pronybai, am Mont D'or und auf der Halbinsel Bogota bei Canala [1]).

Betrug der Export dieses Minerals im Jahre 1880 nur 500 t, so belief er sich im folgenden Jahre 1881 schon auf 2300 t; während des folgenden Jahrzehntes schwankte der jährliche Export zwischen 2000 und 3000 t und erreichte in den letzten Jahren die ge-

---

1) Analyse von Chromerzen:

	Chromerze von Mt D'or	Alluvial-Chrom	
Chromoxyd . .	61,553	42,60	41,28
Eisenhyperoxyd .	34,000	37,20	19,02
Aluminium .	0,114	12,80	29,10
Kieselsäure .	4,625	1,20	2,10
Magnesia . .	0,028	5,10	5,10
Feuchtigkeit . . .	—	1,10	3,40

Laurent, p. 248. — Glasser, p. 287, 318.

waltige Höhe von 10000 t, ja sogar 17600 t im Jahre 1901.

Nach Herkunft verteilte sich dieser Export auf folgende Minen:

Dôme de Tiebaghi (2 Gruben) .	2450 t
Baie Ngo (2 Gruben)	4600 „
Bassin de la rivière des Pirogues (1 Grube)	8533 „
Groupe de la rivière de Pourina (2 Gruben)	1284 „
La Coulée (1 Grube) . .	300 „
Cap Goulvain (1 Grube)	280 „
Baie Ouié . . .	202 „
	17,649 t

Der Gesamtexport betrug bisher 150000 t, der fast ausschliesslich aus Alluvialchrom gewonnen wird. Der Preis schwankt z. Zt. zwischen 50—60 Frcs. pro Tonne; 1875 betrug derselbe noch 150—160 Frcs. und 1880 100 Frcs. Der jährliche Verbrauch an Chromerzen auf der ganzen Erde beläuft sich ziemlich hoch, auf 20000 bis 25000 t, besonders seitdem das Chrom in der Stahlfabrikation reichliche Verwendung findet.

Chromproduktion der Erde.

Jahr	Bosnien	Kanada	Griechenland	Neucaledonien	Neufundland	Neusüdwales	Norwegen	Russland	Türkei u. Kl.-Asien	Union	Summe
t	t	t	t	t	t	t	t	t	t	t	t
1895	707	2882	2740	8014	44	4297	190	21014	21050	1578	62516
1896	443	2124	1600	16018	1031	3914	—	6682	20137	713	52662
1897	396	2392	563	9054	3084	3433	—	13433	11551	152	44058
1898	458	1833	1367	14300	657	2145	—	15467	?	102	36329
1899	200	1796	4386	12480	717	5327	41	19146	4538	102	48733
1900	100	2118	5600	10474	—	3338	165	18283	9749	—	49777
1901	—	—	—	17451	—	—	—	—	—	—	—
1902	—	—	—	10281	—	—	—	—	—	—	—
1903	—	—	—	12204	—	—	—	—	—	—	—

Nach diesen Angaben steht Neucaledonien als Chromproduzent an zweiter oder dritter Stelle, und liefert ungefähr $1/4$ der Gesamtproduktion der Erde.

4. Eisen.

Auch an Eisenerzen ist die Serpentinregion reich[1]). Schon Garnier machte 1867 auf das Vorkommen dieses Erzes aufmerksam, der ganze Berge mit Eisenoxydhydrat erwähnt. Von den vielen Verbindungen des Eisens kommen als Eisenerze Neucaledoniens vornehmlich in Betracht: Hämatit oder Roteisenerz[2]) (mit $50-60\%$ Eisengehalt), der hauptsächlich an der Prony-Bai auftritt, sodann Pisolithe (Bohnerze) und roter Toneisenstein (mit $41-50\%$ Eisengehalt). Auch der Norden der Insel weist Eisenerze auf. Zur Ausbeutung dieser reichen Erzlager ist man noch nicht geschritten, ja nicht einmal mit Versuchen herangetreten. Der Grund ist wohl darin zu suchen, dass die Verhüttung auf der Insel eine äusserst kostspielige ist, und sodann die Erze der hohen Frachtkosten wegen einen Export nicht lohnen würden.

---

1) Glasser, p. 321.

2) Analyse von Eisenerzen:

Hämatit .	88,1	Kieselsäure .	16,75
Chromeisen .	3,3	Eisen .	45,37
Manganoxyd	—	Mangan	0,79
Chromoxyd	4,2	Chrom . .	1,36
Kieselsäure, Ton, Kalk	2,55	Sauerstoff .	20,80
Wasser . .	1,45	Aluminium	4,93
		Kalk . .	0,8
		Magnesia .	0,4
		Wasser	8,8

Glasser, p. 328

Neben den 3 resp. 4 genannten Mineralien: Nickel, Kobalt, Chrom und Eisen, die mit der Serpentinregion in engem Zusammenhang stehen, und die von der grössten wirtschaftlichen Bedeutung für die Insel sind, kommen hier noch eine reichliche Fülle anderer Mineralien in Betracht, jedoch von nur untergeordneter ökonomischer Bedeutung. Diese sind: Gold, Platin, Silber, Quecksilber, Kupfer, Blei, Zink, Mangan, Antimon und andere. Manche von diesen wurden eine Zeitlang ausgebeutet, z. B. Gold, Kupfer, silberhaltiges Blei, Antimon. Jedoch nur die Kupfergewinnung gelangte vor 20 Jahren zu grösserer Blüte, die zudem auch nur von kurzer Dauer war.

1. Kupfer.

Die Entdeckung dieses Metalls datiert weit zurück. Bereits im Jahre 1843 erwähnte Montrouzier bei Koumak eine Kupfermine, und 1863 beobachtete Garnier das Verkommen des Kupfererzes auf der Insel Ducos[1]). Die eigentliche nähere Erforschung setzte jedoch erst mit dem Jahre 1872 ein, wo die Goldfunde im Diahottale einen grossen Menschenzufluss nach dieser Gegend gelenkt hatten[2]). Die bedeutendste Fundstätte war die Balade-Mine bei Ouégoa, auf der rechten Seite des Diahot gelegen, mit Pyritlagern, die von 1873 bis 1884 im Betrieb war. Auf derselben Seite lag auch die Mine von Pondolai; auf der linken Seite des Flusses waren die bedeutenden Minen von Pilou und Ao, die seit ihrer Entdeckung im Jahre 1884 und 1887 fast ununterbrochen bis 1901 im Betrieb waren. Zerstreut der West- und Ostküste der Insel

---

1) Glasser, p. 337/364.
2) Laurent, p. 287. — Legrand, p. 142.

entlang liegen noch manche Fundstätten von Kupfer, so bei Koumac (1883—85 in Betrieb), Insel Ducos, St. Vincent (nördlich von Nouméa).

Der Gesamtexport an Kupfererzen betrug vom Jahre 1873—1902 mehr als 50000 t mit 10—15% Kupfergehalt[1]). Davon war die Balade-Mine am ergiebigsten mit 40000 t (mit 15 % Kupfergehalt), in einem Werte von mehreren Millionen Frcs. Geringere Erträge lieferten die anderen Minen. So die Murat-Mine: im Jahre 1884 nur 1400 t, Némou- und Pilou-Mine: im Jahre 1886 1700 t.

Zur Verhüttung wurden diese Erze meist nach Newcastle in Australien übergeführt. Eine schlechte nachlässige Verwaltung, Preisfall des Kupfers, technische Schwierigkeiten beim Abbau infolge teilweiser Erschöpfung der Minen, gaben diesem Industriezweig den Todesstoss und führten den Verfall der Minen herbei, die nach und nach alle aufgegeben und verlassen wurden. Nach der ersten Blütezeit schien die Kupfergewinnung einen neuen Aufschwung nehmen zu wollen, als im Jahre 1897 die „International Coopper Corporation Limited" und 1899 die „Mines de cuivre Pilou Limited" gegründet wurden, die jedoch 1902 in Liquidation gerieten. Zur Zeit liegen sämtliche Minenbetriebe still.

Export von Kupfererzen.

1896	100 690 kg = 135 932 Frcs.
1897	139 000 „ = 180 700 „

[1) Glasser, p. 350. Analyse von Kupfererzen:

Kupfer	Blei	Eisen	Zink	Silber
2,7 p. 100	0,75	16,66	5,40	16 gr p. t
8,38 „ „	1,25	12,50	10,10	50 „ „ „
8,64 „ „	3,—	12,25	6,45	64 „ „ „

1898	161 200 kg =	225 680 Frcs.
1899	27 200 „	
1901	1 088 000 „ =	97 500 „
1902 . . .	3 720 000 „	
1903 (9 Mon.)	9 845 „	

2. Gold.

Schon Cook und D'Entrecasteaux hatten auf das Gold und die Quarzgänge, worin sich das Gold vornehmlich findet[1]), aufmerksam gemacht. Später, im Jahre 1851, als die grossen Goldfunde Australiens eingeleitet wurden und das Goldfieber daselbst begann, glaubte Montrouzier aus dem analogen Gebirgsbau Neucaledoniens mit Australien und Neuseeland auch auf gleich reichhaltige Goldlager in Neucaledonien schliessen zu dürfen[2]). Zwar wurde im Jahre 1863 Gold im Flussande bei Pouébo im Diahotflussystem entdeckt, dessen Flüsse und Bäche jedoch nur ganz geringe Mengen goldhaltigen Sandes mit sich führen. Längere Zeit beschränkte sich die Gewinnung dieses Edelmetalls auf die Ausbeutung des Schwemmgoldes in Goldseifen. Die Produktion war und blieb jedoch nur unbedeutend. Der einzig bedeutende goldführende Erzgang bei Ouégoa im Diahottale (Fern-hill-Mine), im Jahre 1870 entdeckt, wurde mehrfach abgebaut, so in den Jahren 1870—74, 1876—79, 1883, 1888, und lieferte, obwohl auch hier Unterbrechungen und Stockungen im Betrieb eintraten, vom Jahre 1870—1882 213,5 kg Gold im Werte von 700 000 Frcs. Die Galarinomine auf der Westküste im Jahre 1877 entdeckt, lieferte

---

[1] von Richthofen a. a. O., p. 719. — Neumayr, II, p. 592. — Laurent, p. 330. — Glasser, p. 365—390.

[2] Bernard, p. 344.

nur 2—3 kg. Unbedeutend sind auch die Goldfunde im Zentrum und im Süden der Insel: so in der Rose-Mine, Nakety-Mine und der Mine von La Foa, die von 1897—98 im Betrieb war. Der Export von Golderzen betrug im Jahre 1897 nur 25 t. Zur Zeit sind alle Goldminen verlassen.

Goldproduktion der Fern-hill-Mine.

1872	68,096 kg
1873	51,772 „
1874	8,708 „
1876 .	18,676 „
1877	32,433 „
1878	33,264 „
	213,000 kg

3. Silber.

Silber findet sich zumeist mit Gold vereint (Fern-hill-Mine, Rose-Mine), ferner tritt es auch mit Kupfer, Blei und Zink[1]) vergesellschaftet auf.

4. Blei.

Bleierze finden sich vornehmlich im Norden (Pilou-Mine)[2]). Das einzige Vorkommen im Süden ist

---

1) Glasser, p. 391.
2) Glasser, p. 392. — Analyse von Bleierzen (Glasser, p. 396):

Blei . . .	38,44 p. 100	24,49 p. 100
Kupfer .	0,20	—
Zink .	2,39	22,26 p. 100
Eisen . . .	14,32	8,55
Kieselsäure	20,80	10,54
Silber	420 gr p. t	370 gr p. t

am Mont Dô. Von einiger Bedeutung war nur die Mérétrice-Mine auf dem linken Diahotfluss-Ufer. 1884 entdeckt, wurde sie 1886—87 und 1897—98 ausgebeutet. Der Export an silberhaltigem Blei betrug in den Jahren 1890—93 nur 1500 t im Werte von 600000 Frcs. Die Statistik für die 9 ersten Monate des Jahres 1903 verzeichnet einen Export von nur 5950 kg.

5. Zink.

Zink findet sich in Verbindung mit Kupfer (Pilou-Mine) und mit silberhaltigen Bleierzen (Mérétrice-Mine)[1].

6. Antimon.

Antimon gehört zu den spröden Metallen, wie Arsen und Wismut — manche Chemiker jedoch zählen es zu den Metalloiden oder den metallähnlichen Stoffen. Dasselbe ist ein hartes, sprödes, rhomboetrisch-krystallisierendes Metall von silberartigem Aussehen und blättriger Textur mit dem spezifischem Gewichte 6,7. Man gebraucht es in ausgedehntem Masse zu Legierungen mit Blei, Zink, Kupfer und Wismut (Lettern-Metall, Britannia-Metall) und zu technischen und medizinischen Präparaten. Neben dem gediegenen Vorkommen gibt es mehrere Antimonerze, deren wichtigstes das Grauspiessglanzerz oder der Antimonglanz ist, eine Verbindung von Schwefel und Antimon.

Letzteres findet sich auch auf Neucaledonien. Die einzigen Antimonerzlager, die man bis jetzt daselbst entdeckt hat, liegen im Osten der Insel, in der Umgebung von Nakety[2]. Ausgebeutet wurden sie

---

1) Glasser, p. 397.
2) Glasser, p. 398. — Laurent, p. 104. — Neumayr, II, p. 634.

von anfangs der 70er Jahre bis zum Jahre 1885. Die Verhüttung der Erze erfolgte in Nakety. Im genannten Jahre 1885 musste jedoch der Betrieb eingestellt werden, da sich eine Ausbeute wegen allzu niedrigen Mineralgehaltes von nur 20—25 % nicht mehr lohnte. Im Jahre 1882 betrug die Produktion 900 t.

7. Quecksilber.

Quecksilber findet sich bei Nakety, Kouaoua und Bourail [1]).

8. Platin.

Das Vorkommen des Platins wurde von Pelatan erwähnt, der es an einer einzigen Stelle im Flussande des Andam entdeckte [2]).

9. Mangan.

Das Mangan [3]), ein fast nie fehlender Begleiter des Eisens, gehört zu den Metallen von weiter Verbreitung. In grossen Mengen und deren nötigen Reinheit ist es jedoch ziemlich selten [4]). Das Mangan wird

---

1) Glasser, p. 401.
2) Glasser, p. 403.
3) Laurent, p. 262. — Neumayr, II, p. 634. — Glasser p. 404.
4) Bei der grossen Verwandtschaft des Mangans zum Sauerstoff kennt man es in der Natur nicht in metallischer Form. Dagegen bildet es eine Reihe von Oxyden und Oxydhydraten, die man nach ihrer schwärzlich braunen Färbung als Braunsteine zusammenfasst, obwohl sich darunter mehrere mineralogische Spezies befinden. Das wichtigste ist das Weichmanganerz oder das Pyrolusit oder 62,8 Mangan und 37,2 Sauerstoff, ein stahlbraunes, halbmetallisch glänzendes, faseriges oder erdiges abfärbendes Mineral. Von untergeordneter Be-

in metallischer Form, worin es dem Eisen ähnlich ist, äusserst selten verwendet. In neuerer Zeit hat man wohl erkannt, dass es mit Kupfer und Zink treffliche Legierungen gibt; allein der hohe, durch die Schwierigkeit der Darstellung bedingte Preis des metallischen Mangans war seiner Verwendung bisher hinderlich. Legierungen von Mangan mit Eisen und Kohlenstoff (Ferromangan), wie sie beim Verschmelzen manganhaltiger Eisenerze im Hochofen entstehen, sind für gewisse Arten der Stahlbereitung von Bedeutung. Der grösste Teil der Manganerze dient gegenwärtig zur Darstellung von Chlor und Chlorkalk, dann zur Entfärbung grünen Glases und zur Erzeugung vieler Glasflüsse. Endlich bilden Manganerze die Quelle für zahlreiche Manganpräparate, deren man sich in der chemischen Industrie, im Gewerbe und in der Medizin bedient.

Auf Neucaledonien finden sich die Manganerze an der Westküste, wo der Pyrolusit vorherrscht; daneben kommen auch Wad und Braunit in reichlicher Menge vor. Das Mangan findet sich hier immer mit Kobalt vergesellschaftet. Die Erze treten in der Trias- und Kreideformation, vornehmlich in den Kieselschiefern auf, so bei St. Vincent, Bourail, Boulapari und Gomen. Von einer Ausbeutung kann bei dem niedrigen Preise des Erzes auf dem europäischen Markte, von nur 50 Frcs. pro Tonne keine Rede sein.

---

deutung sind der Braunit, Hausmannit, Manganit, Psilomelan und Wad. Die Manganerze begleiten namentlich jene Eisenerzlager, die sich als Höhlenfüllungen oder pseudomorphe Lagerstätten im Kalkgebirge charakterisieren. Durch lokales Überwiegen der Manganerze können solche Eisenerzlager direkt in Manganlager übergehen, wie z. B. im Kreis Wetzlar. — Neumayr, p. 2634.

10. Kohle.

Von der grössten Bedeutung für die Insel, ja gewissermassen eine Lebensfrage für die Montanindustrie, ist das Vorkommen der Kohlen; denn wie Neumayr richtig bemerkt[1]: keine andere Gruppe von nutzbaren Mineralien, mit Ausnahme des Eisens, spielt gegenwärtig eine so hervorragende Rolle wie die fossilen Brennstoffe.

Im Jahre 1846 von Montrouzier in der Nähe von Koumac erwähnt, wurden diese Kohlenlager in der Folgezeit näher untersucht von J. Garnier (1865), Heurteau (1873), Pelatan (1885), Zeiller (1898 u. a.[2]). Bei Betrachtung der Kohlenreviere, die alle auf der Westseite liegen, unterscheiden wir am besten die beiden grossen Bassins von Nouméa (von Mont Dore bis St. Vinzent) und von Moindou (von Ouenghi bis Moindou); sodann das von Poya (von Cap Goulvain bis nach Pouembout) und eine Reihe kleinerer isolierter Bassins) (Muéu, Pouembout, Koné, Voh, Gatope und Koumac). Das für die Gegenwart wichtigste ist das von Nouméa. In diesem Gebiete liegen die abbauwürdigen Kohlenflöze von Dombéa, die in der neuesten Zeit lebhaftes Interesse hervorgerufen haben. Vielfach sind die Kohlenschichten infolge von eruptiven Vorgängen und Verwerfungen mit Porphyren und Melaphyren durchsetzt und durchbrochen

Die grösste Ausdehnung hat das Kohlenbassin von Moindou bei 75 km Länge und 15 km Breite. Der nachcarbonischen Formation angehörend, sind diese

---

1) Neumayr, II, p. 559.
2) Bernard, p. 353. — Laurent, p. 166. — Pelatan, p. 57—84. — Glasser, p. 416—514.

neucaledonischen Kohlen als sekundäre Kohlen[1]) oft von wechselnder und schwankender Qualität und Güte, bald fett, bald mager, viele flüchtige Bestandteile (6 bis 37%) abgebend, oder anthrazitisch. Nach dem Brennwert kann man drei Kohlensorten unterscheiden: Anthrazitkohle, kurzflammige und langflammige Fettkohle. Zu der ersten Gruppe gehören die Kohlen von Mont-Dore, Boulari, Yahoué, Tongoué, Koé-Moindou. Diese Kohlen können als Ersatz von Koks in der Metallindustrie dienen. Zur zweiten Gruppe gehören die Kohlen von Portes-de-fer und Nondoué. Diese eignen sich zur Dampfkesselheizung und gestatten die Verkokung. Die meisten Kohlen von Moindou gehören zur dritten Klasse und sind zur Gasfabrikation geeignet. Die Ausdehnung der Kohlenfelder und einzelnen Flöze, wie auch deren Zahl, und die Gesamtmächtigkeit der kohlenführenden Schichtenkomplexe unterliegen natürlich grossen Schwankungen. Die Mächtigkeit der Steinkohlenflöze zeigt oftmals ein Anschwellen bis zu 6 m. An eine regelrechte technische Ausbeutung ist man noch nicht herangetreten, wiewohl Versuche über Qualität, Brenn- und Heizwert an manchen Lagerstätten ein recht günstiges Resultat ergaben[2]). Jeden-

---

1) Die Kohle gehört der oberen Kreideformation an — nach Zeiller (Glasser, p. 422) — der auch die Kohlen von Westport (Neuseeland) angehören. Die Kohle von Neusüdwales (New-Castle) gehört zum Perm.

2) Glasser, p. 492. Nach einzelnen Versuchen sollen die Kohlen von Portes-de-Fer den australischen (10—12% Aschenbestandteile) wenig nachstehen. Am 2. Juni 1902 existierten:

13 Kohlenminenkonzessionen mit .	2,857 ha
5 Konzessionsgesuche mit	3,787 „
9 Distrikte, in denen nach Kohlen gesucht wurde, mit	50,892 „
	57,536 ha

Die erste Konzession datiert vom Jahre 1858.

falls muss eine fernere Zukunft lehren, ob diese Kohlen für die Bergwerksindustrie und die Schiffahrt, zur Versorgung der Dampfer sich eignen und in Betracht gezogen werden können. Gegenwärtig wird der lokale Bedarf an Kohle zumeist und fast ausschliesslich durch Import aus Australien (von New-Castle in Neusüdwales) gedeckt, wiewohl man auch beginnt, sich der inländischen Kohle für den Hausbedarf und in den Schmiedewerkstätten zu bedienen.

Der jährliche Kohlenverbrauch beziffert sich durchschnittlich auf 10—12000 t im Werte von 250—300000 Frcs, würde sich jedoch auf 60—70000 t erhöhen, wenn sämtliche Nickelerze auf der Insel verhüttet würden.

Kohlenimport.

Jahr	Kohle t	Koks t	Jahr	Kohle t	Koks t
1881	9 878		1892	18 436	500
1882	6 145		1893	9 743	1459
1883	16 770		1894	12 048	—
1884	22 733		1895	14 354	—
1885	13 605		1896	10 870	3
1886	3 847		1897	9 508	2
1887	9 071		1898	9 287	35
1888	10 645	2 735	1899	12 026	—
1889	14 161	1 575	1900	22 934	—
1890	10 406	6 872	1901	21 043	—
1891	13 175	3 315	1902 (6 Mon.)	7 266	—

Kohlenpreis in New-Castle:

1892	.	12,50 Frcs. pr. T.
1893		11,25 „ „ „
1894	. . . . . .	10,00 „ „ „
1896, 1897 und 1898		8,75 „ „ „
1899	. . .	10,00 „ „ „
1900		11,25—12,50 „ „ „
1901		13,75 „ „ „

Ein allseitig abschliessendes Urteil über die neucaledonische Kohle lässt sich z. Zt. noch nicht geben. Wiederholen können wir heute noch die Worte Heurteau's, die er vor 30 Jahren niedergeschrieben und die da lauten: „La Nouvelle-Calédonie contient des gisements de charbon étendus, c'est un fait acquis. Mais en admettant que ces gisements soient de bonne qualité et assez réguliers pour donner lieu à une exploitation entreprise dans des conditions favorables, ce que nous ignorons encore, on doit les considérer comme une réserve pour l'avenir plutôt que comme devant faire l'objet d'une exploitation immédiate."

Analysen von neucaledonischen Kohlen.
(Glasser, p. 486, Pelatan, p. 78.)

	Distrikt	Flüchtige Bestandteile	Kohlenstoff	Aschenbestandteile	Heizkraft	Verhältnis d. flüchtig. Bestandteile zur reinen Kohle	Qualität der Kohle
					Cal.	p. 100	
Bassin von Nouméa	Mont-Dore, Mine Bulli	32	62,20	5,30	6,159	38,8	langfl.Fettkohl.
	Yakoué-M. le Tissonier	6	57,50	36,50	—	9,4·	—
	Tongoué-M.desBruyères	4,80	87,60	7,60	—	5,2	Anthraz.-Kohle
	Saint-Vincent	32	54	14	—	37,2	langfl.Fettkohl.
Bassin von Moindou	Oua Poquereux	38,25	54,50	7,25	—	41,2	fett.Schmiedek.
	Moindou	37,05	61,73	1,22	—	37,5	langfl.Fettkohl.
	Moindou-Levat.	6,50	86,50	7	—	7	Anthraz.-Kohle
	Molndou-Betchel	5,80	85,70	8,50	—	6,3	Anthraz.-Kohle
	Moméa	26,40	29,20	44,40	—	47,4	trockene Kohle
	Moméa	45,91	42,25	11,84	6,324	52	Braunkohle
	Voh	13,32	76,86	9,82	7,956	14,8	magere Anthr.-Kohle

b) Produkte der Landwirtschaft und der Viehzucht.

Auf die bergmännischen Produkte folgen als zweite Ressource von hoher wirtschaftlicher Bedeutung die

Produkte der Landwirtschaft und der Viehzucht. Letztere, die älter als der Ackerbau ist, hatte früher eine grosse Ausdehnung, so zwar, dass sie für die Kolonie fast verhängnisvoll wurde. Erst in neuerer Zeit[1]) wird der Landwirtschaft ein besonderes Interesse entgegengebracht, wenn man auch hier auf dieselbe keine allzu hohen Hoffnungen setzen darf, da es sich nicht verhehlen lässt, dass der Boden Neucaledoniens nicht besonders fruchtbar ist und keineswegs dieselbe üppige Fruchtbarkeit und reiche Kultur aufweist, wie manche Länder der Tropenzone[2]). Zwar kann auch der Mensch mit technischen Hilfsmitteln helfend eingreifen und durch rationelle Verbesserungen die Kulturfähigkeit des Landes steigern[3]); jedoch wird dies hier nur in ganz beschränktem Masse möglich sein, da die hemmenden Ursachen natürlicher Art sind, wie das Klima und die Bodenbeschaffenheit. Auf das Klima wurde schon früher hingewiesen und dessen Eigentümlichkeiten und charakteristische Merkmale eingehend erörtert und gezeigt, dass dasselbe für tropische Ansprüche zu trocken sei und für manche Bodenkultur der tropischen Gebiete zu ungünstig und ungeeignet erscheint. Und dies um so mehr, wenn man die gegenteiligen Faktoren in Betracht zieht, die hier besonders stark einwirken[4]).

---

1) Kol.-Zeitschr. 1901, p. 98. Vor kaum zwei Jahrzehnten würde der Titel „Der Ackerbau in Neucaledonien" nur einem ungläubigen Kopfschütteln begegnet sein. Man traute zur Not Neuceledonien Mineralschätze, niemals Ackerprodukte zu.

2) Da die landwirtschaftliche Industrie sich nur als Nebenindustrie entfalten kann, so ist ihr Aufschwung und ihre Blüte auf das engste mit der Montanindustrie verknüpft. La Quinzaine coloniale 1903, p. 814.

3) A. Woeikof, De l'influence de l'homme sur la terre. Annales de Géogr. 1901, p. 97.

4) Die Periode der reichlichsten Niederschläge fällt un-

So erscheint es durchaus erklärlich, wenn an manchen Punkten der Insel das Klima einen wüstenhaften Charakter trägt, der sich auch in der ganzen Vegetation äussert und derselben ein spezifisches Gepräge verleiht.

Was die Beschaffenheit des Bodens anlangt, so ist, wie Dubief mit Recht gesagt hat, das Kulturland ziemlich selten und mager[1]). Am schärfsten und deutlichsten zeigt sich der Kontrast in der Serpentinregion, die fast gänzlich unproduktiv ist und wohl nie für den eigentlichen Ackerbau kulturfähig gemacht werden kann.

In Bezug auf die Kulturfähigkeit kann man die Bodenfläche in sechs verschiedene Gruppen und Kategorien gliedern[2]). 1. Etwas mehr als die Hälfte (ca. 10000 qkm oder 57%, der Gesamtfläche) ist unproduktiv und kann im günstigsten Falle in manchen Gebieten durch Aufforstung der öden Ländereien ertragfähig gestaltet werden. 2. 1200 qkm oder 6% bedecken reiche Waldungen. 3. 4000 qkm oder 21% können als ausgiebige Weidefläche benutzt werden. 4. 1000 qkm oder 5% sind eigentliche Ackerbaufläche (Getreidebau). 5. 2500 qkm oder 12% eignen sich für die Baumkultur und 6. nur 450 qkm oder 2% sind ausgezeichnetes Kulturland und können mit den ver-

---

glücklicherweise nicht in die Zeit der thermometrischen Maxima. Dép. Col. 1904, p. 273.

1) Q. Col. 1903, p. 817.

2) Bernard, p. 359. Die Bestandteile des Bodens auf der Westseite sind folgende:

Ton . . .	56,7
Land	34,3
Kalk und Magnesia . .	1,0
Organische Bestandteile	8,0
	100,0

schiedensten Tropenkulturen angepflanzt werden. Am fruchtbarsten sind in erster Linie die Täler und die Flussniederungen, meist auf der Westseite gelegen, wo fetter Alluvialboden mit guter Ackererde angeschwemmt ist. Von der Gesamtfläche des Landes kann also auf Grund der natürlichen Bedingungen und der Beschaffenheit des Bodens nur ein äusserst minimales Kulturareal von nur 4000 qkm oder 21 % dem eigentlichen Ackerbau zugewiesen werden.

Gehen wir nun über zu den verbreitetsten Bodenerzeugnissen und zu den Kulturen, die von wirtschaftlicher Bedeutung sind, so ist es vorteilhaft und sachgemäss, von vornherein zwei Gruppen zu unterscheiden [1]. Denn die bedeutende Entfernung der Kolonie vom Mutterland, die grosse Frachtkosten zur Folge hat, bedingt natürlich die Einteilung der Produkte in zwei Klassen: solche, die die Transportkosten nach Frankreich vertragen, und solche, die auf den lokalen Verbrauch angewiesen sind. Unter den ersteren nimmt der Kaffee die erste Stelle ein.

Kaffee.

Der neucaledonische Kaffee (Coffea arabica) tauchte vor ca. 15 Jahren (Ausstellung von Paris 1889) auf und rückte mit einem Male an die erste Stelle. Aber die Anerkennung blieb lange eine rein offizielle; eine Position auf dem Markte errang er sich erst viele Jahre später; und heute wird allgemein zugegeben, dass Neucaledonien Kaffee produzieren kann und zwar recht guten Kaffee, da die Boden- und die klimatischen

---

1) Kol.-Zeitschr. 1901, p. 98. — Bernard, p. 266.

Verhältnisse für diese Kultur äusserst günstig sind[1]). So erfreulich nun die Fortschritte der Kaffeekultur immerhin sein mögen, so lässt sich doch nicht leugnen, dass diese Kultur aus den oben erwähnten Gründen immer nur eine beschränkte bleiben wird und über ein bestimmtes Mass nicht hinauskommen und wohl nie einen Hauptexportartikel abgeben wird. Von der Krisis, die in den letzten Jahren der Kaffee durchzumachen hatte — der Preis fiel von 270 Frcs. pro Zentner auf 150 Frcs. — erholt er sich allmählich wieder[2]).

Kaffeeexport[3]).

1893 .	111 125 kg	= 234 474 Frcs.
1894	70 792 „	= 148 663 „
1895	226 596 „	= 555 160 „
1896	207 681 „	= 483 897 „
1897	253 499 „	= 344 759 „
1898	316 716 „	= 427 567 „
1899	334 000 „	= 370 000 „
1900	326 500 „	= 360 000 „
1901	454 000 „	= 490 000 „
1902 . . .	594 900 „	= 610 000 „

1) H. Jumelle, Les cultures coloniales, Paris 1901, p. 353. — Q. Col. 1903, p. 817.

2) Kol.-Zeitschr. 1901, p. 28. Natürlich hat Neucaledonien unter der ungeheuren Produktion Brasiliens mit seiner ungesunden Preisschwankung von 280 gen 100 Frcs. so gut wie alle anderen europäischen Kolonien zu leiden. Es steht aber zu hoffen, dass nach Verwirklichung des im letzten Heft dieser Zeitschrift besprochenen Projekts einer brasilianischen Kaffeebörse, die dazu bestimmt ist, Angebot und Nachfrage auf dem brasilianischen Kaffeemarkt allmählich ins richtige Verhältnis zu bringen und die Preise zu regeln und damit das Kaffeegeschäft zu einem solideren zu machen, auch für die anderen Kaffeeländer bessere Tage anbrechen werden.

3) Tableau général du commerce.

Von den Kulturen der ersten Kategorie sind weiter noch zu nennen:

Vanille und Indigo,

mit denen gute Resultate erzielt wurden[1]). Man muss sich allerdings fragen, ob die Kultur beider Pflanzen überhaupt noch Aussichten hat, nachdem es der chemischen Industrie gelungen ist, zu wesentlich billigeren Preisen Präparate herzustellen, die beide ersetzen. Im Jahre 1901 betrug der Export von Vanille 4800 kg im Werte von 247000 Frcs.

Für den Export von Bedeutung sind in neuester Zeit sodann ferner pharmazeutische Produkte, die aus dem Kajeputbaum und der Papaya gewonnen werden. Zu erwähnen sind ferner auch die verschiedenen Gummi und Kautschuk liefernde Fikus-Arten, von denen für die rationelle Ausbeutung die Baniane[2]) (Ficus prolixa) in Betracht kommt. Sie hat aber die Schattenseiten, dass ihr Wachstum verhältnismässig langsamer ist, dass sie einen sehr guten Boden verlangt und viel Platz wegnimmt. Man wollte daher schon die Hoffnungen, die die grosse Nachfrage nach Kautschuk eröffnet hat, wieder begraben, als eine neue Art entdeckt wurde, deren Untersuchung ein sehr gutes Resultat lieferte[3]). Da sich diese Art,

---

1) Die Vanille-Kultur (Vanilia planifolia) ist in französisch Ozeanien besonders erfolgreich. -- Kol.-Zeitschr. 1901, p. 493. — Jumelle, p. 296.

2) Jumelle, p. 146.

3) Jumelle, p. 127. Die Kultur der Kautschukpflanzen ist zur Zeit für den Kolonisten der Tropengebiete eine sehr verlockende, zumal sie dem Pflanzer ganz besonders zusagt, zu gleicher Zeit jedoch eine, die sehr vielen Zufälligkeiten und Wechselfällen unterworfen ist. Gouverneur Feillet, gestorben

deren Samen in der ganzen Kolonie verteilt wurde, seit 1898 stark vermehrt hat und auch auf minderwertigem Boden, der für Kaffee nicht in Betracht kommt, gedeiht, so verspricht der Kautschuk neben dem Kaffee das Hauptprodukt Neucaledoniens zu werden. Der Export für das Jahr 1901 betrug 16,511 kg, für das Jahr 1902 8514 kg.

Ein Hauptexportartikel bildet immer noch

Koprah,

die aus den getrockneten Fruchtkernen der Kokospalme (Cocos nucifera, neucaledonisch nou oder radak) gewonnen wird und vornehmlich zur Bereitung von Kokosbutter und Kokosöl verwendet wird[1]). Der Export war folgender: (Tableau général.)

1892	679 879 kg	= 257 974 Frcs.
1893	752 460 „	= 248 312 „
1894	891 109 „	= 294 066 „
1895	1 197 045 „	= 418 966 „
1896	837 999 „	= 268 160 „
1897	650 732 „	= 201 727 „
1898	348 825 „	= 111 624 „
1899	1 389 700 „	= 364 772 „
1900	1 786 400 „	= 590 000 „
1901	1 665 495 „	—
1902 . . .	1 502 518 „	—

Bemerkenswert ist in neuerer Zeit auch die Ausfuhr der Erdnüsse (Arachis hypogaea, arachide, pistache de terre), deren Kultur in der heissen Zone viel-

---

1903, der von 1894—1900 an der Spitze der Verwaltung stand, war ein besonders eifriger Förderer dieser Kultur.

1) Die Kokospalme ist hauptsächlich auf den Inseln Polynesiens zu Hause, wo sie lockeren Boden und die Nähe des Meeres liebt. — Jumelle, Plantes industrielles, p. 89.

fache Verbreitung gefunden hat. Auch auf Neucaledonien gedeiht sie gut[1]), wo sie einen lockeren, sandigen und kalkhaltigen Boden liebt. Die Früchte liefern bekanntlich ein feines, dem Olivenöl wenig nachstehendes Öl, das zu verschiedenen Zwecken verwendet wird[2]). Die Hauptexportzentren der Erdnüsse sind gegenwärtig Indien, Westafrika vom Senegal bis Sierra Leone und Moçambique. Im Jahre 1900 betrug der Export 654,000 kg im Werte von 209,000 Frcs.

Gehen wir nun zu den Produkten der zweiten Klasse über, nämlich zu denjenigen, die einen Export nicht lohnen und somit auf den lokalen Gebrauch angewiesen sind. Dahin gehören vor allem die tropischen Kulturgewächse, Halmfrüchte, Gemüsesorten und Gartenprodukte[3]). Bis jetzt lassen sich dieselben nur in sehr beschränktem Masse verwerten, da der schlechten Verbindungen wegen ein Marktverkehr beinahe vollständig fehlt. Es ist daher ein dringendes Erfordernis, diesen Erzeugnissen durch Schaffung. rascher Verbindungen grössere Absatzgebiete zu eröffnen.

Von den Nährpflanzen werden vor allem die einheimischen Gemüse angebaut: Yams - Wurzel[4]),

---

1) **Jumelle**, p. 105.
2) **Scherzer**, p. 197. Erdnussöl dient in seinen feineren Sorten als Speiseöl, hauptsächlich aber zu technischen Zwecken, insbesondere in der Seifenfabrikation.
3) **Bernard**, p. 366.
4) **Jumelle**, p. 33. — Dioscorea, Auf Neucaledonien Oubi, kou, oufi, oualé genannt.

Taro[1]), Batate[2]) (seit 1843 eingeführt), Banane[3]), Maniok[4]), Tobinambur-Knollen[5]). Auch mit Mais[6]) und Bohnen[7]) hat man gute Erfolge erzielt. Sie sind z. Zt. die verbreitetsten Bodenerzeugnisse und bedecken weite Flächen. Kleinere Mengen Mais wurden öfters exportiert, so im Jahre 1901: 105,000 kg, im Jahre 1902 192 kg. Ferner hat auch die Kultur der Ananas[8]) Eingang gefunden, die sich sehr lukrativ gestaltet. Der Getreidebau begegnet der eigenartigen Bodenbeschaffenheit wegen grösseren Schwierigkeiten, so dass Neucaledonien seinen Bedarf an Brotfrüchten noch nicht decken kann. Auch Versuche mit der Reiskultur wurden öfters angestellt, einer Pflanze, die seit 1852 eingeführt ist[9]). Doch scheinen diese Ver-

1) Jumelle, p. 7. Colocasia wird in vielen Varietäten, in allen tropischen und subtropischen Gegenden kultiviert. Besonders in Ozeanien ist die Verbreitung eine sehr grosse. Auf Neucaledonien, wo der Taro: cobué, neré genannt wird, existieren nach Vieillard und Juan 21 Arten.

2) Jumelle, p. 62. Ipomoea Batatas. In der Sprache der Eingeborenen: Kumara genannt.

3) Jumelle, p. 137 und 165. Musa (sapientum, paradisiaca) wächst auf Neucaledonien in verschiedenen Arten, die Vieillard und Cuzent auf etwa 20 berechnet haben. Neucaledonisch heisst die Banane: pouin und mondgui.

4) Jumelle, p. 50. Manihot. Von Brasilien, wo derselbe wild wächst, wurde er nach allen tropischen und subtropischen Gegenden verpflanzt, wo er grosse Bedeutung erlangt hat. Auf Neucaledonien wird Manihot palmata kultiviert.

5) Jumelle, p. 44, Helianthus tuberosus.

6) Jumelle, p. 339. Mais. Auf Neucaledonien zumeist als Viehfutter angepflanzt.

7) Jumelle, p. 115. Phaseolus vulgaris ist daselbst am meisten vertreten.

8) Jumelle, p. 169. Ananassa sativa. Aus Mittelamerika stammend, hat sie sich überall in den Tropen eingebürgert.

9) Jumelle, p. 69. Oryza sativa. Die Aussaat beginnt

suche ziemlich problematisch, da der Reis künstliche oder natürliche Bewässerung und fruchtbaren Boden benötigt. Obstbaumzucht, besonders allerlei Südfrüchte, ist an den Küstengebieten viel verbreitet. Sodann ist der Maulbeer-[1]), Brotfruchtbaum[2]), Feigen-, Orangen-, Pfirsich- und Kokosbaum viel verbreitet. Auch mit Tabak[3]) und Kakao[4]) hat man gute Erfolge erzielt. Die Kultur von Baumwolle[5]) jedoch ist kaum nennenswert. Infolge seiner äquatorialen Lage ist Neucaledonien besonders für den Zuckerrohrbau geeignet[6]). Mehrere grössere Zuckerfabriken sind auf der Insel tätig; doch ist die Fabrikation von Rum bedeutender[7]). Auch Weinkultur wird betrieben. Um es kurz zu sagen, man hat es mit allen reichen Kulturen versucht, jedoch ohne grössere nennenswerte Erfolge zu erzielen. Diese Kulturen gleichen zumeist mehr Treibhauskulturen.

Mit einigen kurzen Worten wollen wir auch die Wälder erwähnen[8]). Reiche Waldungen bedecken die

---

im Monat August, während in den heissen Jahresmonaten die Reife erfolgt.

1) Jumelle, p. 73. Morus alba.

2) Jumelle, p. 131. Artocarpus incisa. Aus Ozeanien stammend, hat er in den Tropenländern eine weite Verbreitung gefunden. Besonders in Polynesien bildet er eine wichtige Nährpflanze.

3) Jumelle, p. 276. Nicotiana tabacum. Im Jahre 1896 betrug der Exportwert 8327 Frcs.

4) Jumelle, p. 404. Theobroma cacao.

5) Jumelle, p. 1. Gossypium.

6) Jumelle, p. 244. Saccharum officinarum. Auf Neucaledonien existieren verschiedene Sorten dieser Pflanzen. Raoul gibt deren 60 an.

7) An Wein und Spirituosen wurden exportiert: im Jahre 1896 für 59 476 Frcs. und im Jahre 1898 für 29 851 Frcs.

8) Über die Wälder bemerkt Sievers, II. Aufl., p. 328,

Gebirgsabhänge, mit 1200 qkm Flächenraum. Diese dichte Walddecke des Innern enthält viele, namentlich für die Tischlerarbeiten geeignete Holzarten, von denen die hauptsächlichsten Nutzhölzer der Niauli- und Kaoribaum sind. Einem sinnlosen Raubbau braucht man hier nicht vorzubeugen, denn man ist überhaupt an eine rationelle Ausbeutung der Wälder noch nicht herangetreten. Der Export an Holz ist nicht bedeu-

---

folgendes: Auf den Mangrove- und Küstenwald mit Mangroven, Pandanus, Kokospalmen folgt der untere tropische Wald, der die untern Teile der Gebirge sowie die Täler auch auf den Loyauté-Inseln zusammensetzt. Er enthält wenige Akazienarten, Grevillea, Calophyllum, Santalum, Lianen, Orchideen und Farne, an den Küsten bereits die Araucaria Cookii und Bananenbäume (Ficus indica), auch auf den Nebeninseln. Das Sandelholz und Calophyllum inophyllum sind auf der Loyautégruppe fast ganz ausgerottet. Es fehlen im untern Walde die Kentiapalme, die Proteaceen, Kasuarinen und der charakteristische Niauli (Melaleuca viridifolia) und M. leucadendron. Die Kokospalme ist im Norden noch reichlich vorhanden, wird aber nur 3—4 m hoch und liefert keine Früchte; im Süden fehlt sie ganz, in die Höhe steigt sie bis 800 m. Im Gegensatz dazu ist die Araucaria Cookii auf den Süden beschränkt und ist nördlich von Kanala selten. Der mittlere tropische Wald erstreckt sich auf Schieferbergen bis 1000 m Höhe und besteht vorwiegend aus Rubiaceen, Araliaceen, Kasuarinen, Myrtaceen, den Palmen Kentia, Kentiopsis, Cyphokentia, die fast auf 800—1000 m Höhe lokalisiert sind, Baumfarnen, Pandanaceen, Lykopodiaceen und den grossen Myrtaceen Spermolepsis tannifera und Sp. rubiginosa, die neben dem Niauli für Neucaledonien bezeichnend ist. Der obere tropische Wald über 900 und 1000 m Höhe zeigt eine rasche Abnahme der grossen Bäume, mit Ausnahme der Koniferen. Diese bestehen aus Podocarpus-, Dammara- und Araucaria-Arten, besonders aus Dammara lanceolata, D. ovata und D. Moori, sowie aus Araucaria montana und A. Balansae. Baumfarne bilden Wälder unter dem höhern Walde; Moose und Flechten werden häufiger, Palmen und Pandanus verschwinden ganz, die Lianen fast ganz.

tend (1901: 123092 kg, 1902: 377057 kg). Viel grösser ist der Import von Holz, namentlich von Bauholz, das hauptsächlich von Amerika und Australien bezogen wird.

	1897 Frcs.	1898 Frcs.	1899 Frcs.	1900 Frcs.	1901 Frcs.	1902 Frcs.
Import: Holz	228 828	236 061	269 420	403 232	311 809	311 444
Export	27 894	20 144	13 639	25 409	—	47 000
Kaoriharz	—	—	—	—	1404 kg	1090 kg
Niauliessenz	—	—	—	—	533 l	1168 l

Nutzungen aus dem Tierreich.

Von den animalischen Produkten[1]), die von wirtschaftlicher Bedeutung sind und für den Export in Betracht kommen, sind zu nennen: Fleischkonserven, gesalzenes Fleisch, Häute, Wolle u. s. w.; Produkte, die von einer hochentwickelten Viehzucht zeugen, die, älter als der Ackerbau, auf der Insel schon sehr früh einsetzte und, durch günstige Verhältnisse bedingt, zu grosser Blüte gelangte, so zwar, dass sie geraume Zeit hindurch die Haupterwerbsquelle der Kolonisten ausmachte; dann aber infolge der allzu grossen Ausdehnung und Überproduktion für die Kolonie fast verhängnisvoll wurde[2]).

---

1) H. Jacob de Cordemoy. Les produits coloniaux d'origine animale, Paris 1903. — Bernard, p. 363.

2) Cordemoy, p. 7. Die ersten Rinder wurden gegen das Jahr 1850 von Australien eingeführt. Von den Jahren 1862—65 erfolgten dann zahlreiche Transporte. — Bernard, p. 364. Einer der ersten Kolonisten, die die Rinderzucht in grösserem Massstabe betrieben, war Paddon. Derselbe hatte nach Rochas auf seinem bei St. Vincent gelegenen Gute etwa 1000 Stück Rinder.

Am bedeutendsten ist die Rindviehzucht, die sich namentlich seit dem Jahre 1867 rasch entwickelte und einen kräftigen Aufschwung nahm. Selbst die Regierung schritt voran, grosse Rinderherden zu züchten und sich nach europäischem Muster für die Bereitung von Fleischkonserven zum Gebrauch der Truppen einzurichten [1]). Von Hornvieh unabhängig werden Schafe, Ziegen, Schweine, Geflügel und Kaninchen gezogen, die jedoch sich meist nur auf den lokalen Verbrauch beschränken. Der Pferdezucht, die sich recht segensreich erwies, wendet man grosse Aufmerksamkeit zu und sucht sie mit allen möglichen Mitteln zu heben, um das nötige Pferdematerial, statt wie bisher durch Einfuhr aus Australien, aus Pferden der einheimischen Rassen zu decken. Einer wie grossen Bedeutung und besonderen Wertschätzung die Viehzucht auf Neucaledonien sich erfreute, geht aus dem Umstand hervor, dass man im Jahre 1877 schon 80000 Rinder zählte, die dann im Jahre 1890 auf 102 000 Stück gestiegen waren. Dazu kamen noch 11 000 Schafe[2]) und 3000 Pferde[3]). Infolge des Eingeborenen-Aufstandes im Jahre 1878 und der Kriegswirren, die darauf folgten, trat eine schlimme wirtschaftliche Krisis ein, die auch auf die Viehzucht einen verhängnisvollen Rückschlag ausübte. Der Viehbestand verminderte sich zusehends, und die Preise sanken rapid. Dazu kam noch, dass wegen der starken Konkurrenz Australiens keine Ausfuhr von lebendem Vieh mehr erfolgen konnte. Da somit die Viehzucht

---

1) Kol.-Zeitschr. 1901, p. 98.

2) Die ersten Schafe wurden im Jahre 1856 von Missionaren eingeführt.

3) Die ersten Pferde wurden von Brutau im Jahre 1864 eingeführt. — Legrand, p. 32.

nur auf den lokalen Bedarf beschränkt und so infolgedessen auf den Aussterbeetat gesetzt war, gründeten Baron Digeon und M. Prévet eine Fleischkonservenfabrik in Ouaco, die geraume Zeit gut funktionierte. Belief sich doch der Export der animalischen Produkte auf 1 Million Frcs. im Jahre 1889 und 635 000 Frcs. im Jahre 1891[1]). In den Jahren 1888 bis 1895 gewann man sogar jährlich 2 Millionen kg Fleisch, die Hälfte davon iu Ouaco. Trotzdem konnte die Rindviehzucht zu keiner grösseren Blüte gelangen und es gelang ihr nicht, ihre frühere Höhe zu erreichen. Im Jahre 1898 wurde die Konservenfabrik geschlossen, da im Viehbestand auf der Insel eine stetige Verminderung eintrat, und die Kolonisten sich mehr dem rationelleren Ackerbau zuwandten. Im Gegensatz zu früher wurden im Jahre 1900 sogar 521 Ochsen im Werte von 320 000 Frcs., im Jahre 1901 46 000 kg Fleisch im Werte von 15 200 Frcs. importiert.

Export von animalischen Produkten.

Jahr	Fleischkonserven	Häute	Gesalzenes Fleisch
	kg — Frcs.	kg — Frcs.	kg — Frcs.
1892	791 557 = 1 183 189	138 954 = 159 797	1897:
1893	1 119 649 = 1 456 554	300 840 = 355 325	192 000 = 201 000
1894	455 152 = 637 213	322 530 = 378 893	
1995	290 500 = 435 750	120 851 = 216 720	
1896	488 862 = 586 634	140 527 = 184 802	Wolle
1897	1 119 338 = 1 231 272	201 328 = 259 713	kg — Frcs.
1898	749 824 = 749 824	32 785 = 45 243	149 888 = 217 338
1899	83 300 = 79 124	—	38 359 = 59 840
1900	112 300 = 135 000	—	38 200 = 56 000
1901	60 800 = 85 000	—	

c) Meeresprodukte.

Das wichtigste Produkt des Weltmeers, das von selbst wächst, sich von selbst erneuert und reif wird

---

1) Bernard, p. 364.

ohne Fürsorge und Arbeit des Menschen, ohne Zuhülfenahme von Aussaat oder Anlagekapitalien — ist der Fisch[1]). Fische finden sich auch in den Gewässern und Meeren, die Neucaledonien bespülen und umgeben, Fische in reichlicher Zahl und von verschiedenster Art. Vor allem sind hier die Korallenriffe, die, wie schon früher hervorgehoben, die Insel umsäumen, eine Zufluchts- und eine Wohnstätte dieser Meeresbewohner. Denn, sagt Schleiden[2]): „Die Tropen sind die Heimat der Korallen. Und wie vorhin die Toremniden-Medusen, so suchen auch viele Fische diese lebendigen unterseeischen Mauerwerke auf und bilden mit Formen anderer Tierklassen die eigentliche Fauna der Korallenbänke. Die Korallenfische setzen sich zusammen aus: Squamipinnes, Akromiriden, Pomacentriden, Juliden, Plektognathen u. s. w."[3]).

Infolge dieser günstigen natürlichen Bedingungen bildete der Fischfang seit undenklichen Zeiten eine Erwerbs- und Nahrungsquelle von hohem Werte für die Eingeborenen[4]), wie denn überhaupt der Fischfang diejenige Wirtschaftsform ist, welche die weiteste Verbreitung und grosse kulturelle Bedeutung in der Südsee hat[5]).

Die meisten Fische dienen, wie das ja auf der

---

1) von Scherzer, p. 455.
2) Schleiden, p. 233.
3) Bernard, p. 357.
4) Bernard, p. 279.
5) Peterm. Mitt. 1903, p. 209. Beiträge zur Kenntnis der Wirtschaftsformen der Ozeanier. II. Fischfang. — Annales de Géogr. 1900, p. 5. — Krämer, Über den Bau der Korallenriffe und die Planktonverteilung an den samoanischen Küsten, Kiel und Leipzig 1897. — W. Saville-Kent, The Great Barrier Reef of Australia, its Products and Potentialities, London 1893. — Sievers, II. Aufl., p. 64.

Hand liegt, dem lokalen Verbrauch, und nur wenige Seetiere sind es, die einen Exportartikel bilden. An erster Stelle steht in wirtschaftlicher Bedeutung der Trepang[1]), welcher ein wertvoller Ausfuhrartikel nach China ist, wo derselbe eine sehr geschätzte Speise und einen der hauptsächlichsten Leckerbissen bildet. Lange Zeit vor der Besitzergreifung der Insel, betrieb ein englischer Kaufmann Paddon den Trepangfang an den Gestaden Neucaledoniens und der Neuhebriden und bis zum Jahre 1866 bildete der Trepang das hauptsächlichste Handelsobjekt dieser Kolonie, in einem durchschnittlichen jährlichen Werte von 100 000 Frcs. Obschon im Bestand dieser Seetiere eine Abnahme nicht zu verzeichnen ist, vor allem nicht im Norden der Insel, so geht doch dieser Handel, der meist über Sydney geleitet wird, allmählich zurück und verliert seine ursprüngliche Bedeutung.

Export.

Im Jahre 1897 wurden für 60 000 Frcs. Trepang exportiert, im Jahre 1891 dagegen für 80 000 Frcs.[2]).

---

1) Cordemoy, p. 65. Trepang, engl. Sea-slugs, Biche de mer, wird abgeleitet vom portugiesischen Bicho do mar (Meerwurm). — Sievers, p. 267. — J. J. Rein, Japan nach Reisen und Studien, 2 Bde., I. Aufl., Leipzig 1886, II, p. 634. Trepang, Seegurke, Bêche de mer (Holothuria edulis), japanisch Iriko. Die unter dem chinesischen Namen Trepang bekannten essbaren Holothurien werden bekanntlich auch an den Gestaden des malaiischen, sowie vieler Südseeinseln gesammelt, wo sie scheinbar regungslos auf sandigem Boden liegen. Ausser Wasser sterben sie sofort und zerfliessen zu einer schleimigen Masse. Sie müssen deshalb alsbald aufgeschnitten, vom Verdauungskanal befreit, in kochendes Wasser getaucht und dann an der Luft getrocknet werden. — v. Scherzer, p. 455. — Leunis, Synopsis der Tierkunde, 3. Aufl., Hannover 1883, 2. Bd. § 1377.   2) Legrand, p. 202.

Im Jahre 1901 betrug der Export 16,764 kg, 1902 42,905 kg. Der Exportwert sämtlicher Fischereiprodukte überhaupt beziffert sich:

1895 auf 15 300 Frcs.
1896 „ 25 327 „
1897 „ 25 822 „
1898 „ 33 720 „
1899 „ 30 429 „
1900 „ 24 312 „ (Annuaire de la N. C.)

Eine zweite wertvolle Gruppe von Meeresprodukten bilden die Perlmuscheln, deren Fischerei auf den Südseeinseln ein seit langem von den Eingeborenen betriebener Erwerbszweig ist. Auf Neucaledonien hat die Perlmuttfischerei erst in neuerer Zeit seit dem Jahre 1899, dank der tatkräftigen Unterstützung der Regierung, einen raschen ungeahnten Aufschwung genommen und einen lebhaften Handel ins Leben gerufen. Die Weichtiere, die für diese Fischerei hier in Betracht kommen, gehören zu den drei grossen Klassen der Kopffüssler (Cephalopoda), der Bauchfüssler (Gastropoda) und der Muscheltiere (Lamellibranchiata) [1]. Von den Kopffüsslern kommt als Perlmuttlieferant nur der Nautilus (Schiffsbot) in Betracht. Der Klasse der Bauchfüssler gehören verschiedene Arten an, vor allem die Familie der Seeohren (Haliotidae), wovon die Hauptgattung das Seeohr oder Meerohr (Haliotis) ist [2]).

---

1) Cordemoy, p. 216. — Leunis, I, § 747.
2) Leunis, I, § 747. Haliotidae: Seeohren, Schale ohrförmig mit kleinem flachen Gewinde hinten an der Seite. Mündung sehr gross, flach ausgebreitet, ohrförmig, mit Perlmutter bedeckt und mit einer Reihe von Löchern am linken Rande. Deckel fehlt; Tier flach, mit grossem an der Seite gefranstem Fusse,

Zu der Klasse der Muscheltiere gehört die Pinna, Steckmuschel, und die echte Perlmuschel: Meleagrina margaritifera, die zu den Aviculidae, Vogelmuscheln, gerechnet wird[1], und in der Torresstrasse, bei den Neuhebriden und in französisch Ozeanien viel verbreitet ist[2]. Diese spielt die Hauptrolle, und wo von Perlmutt und Perlfischerei die Rede ist, denkt man vornehmlich an sie.

Auf Neucaledonien befinden sich die Fischereien, die von einer französischen Gesellschaft betrieben werden, auf der Westseite, auf der Strecke zwischen der Küste und dem Barrierriff, dehnen sich aber auch auf die Bänke der Loyalty- und der Wallis-Inseln aus. Während der Export dieser Produkte im Jahre 1899 nur einige 100 kg betrug, ist derselbe in kurzer Zeit bedeutend gestiegen und im Jahre 1902 sogar an die zweite Stelle der Exportartikel gerückt.

Export:

1897		20 419 Frcs.
1898	. . . .	47 394 „
1900	94 900 kg .	304 000 „
1901	. 194 544 „ .	433 000 „
1902	. 632 644 „	1 371 000 „

Haliotiden wurden im Jahre 1902 30 900 kg im Werte von 42 000 Frcs. exportiert. (Tableau général.)

---

grösser als die Schale. Mantel mit tiefer Spalte. Schnauze kurz, Augen auf kurzen Stielen.

1) Leunis, I, § 811.

2) Für französisch Ozeanien bildet diese Fischerei eine einträgliche Erwerbsquelle. 1890—1900 wurden jährlich 400 bis 500 t Perlmutter im Werte von 50—100000 Frcs. exportiert. — Cordemoy, p. 252.

Gesamthandel Neucaledoniens.

Nach Besprechung der hauptsächlichsten Produkte und Darstellung der einzelnen Erwerbsquellen der Insel, wird es sich gewiss lohnen, zu einer allgemeinen Orientierung und besseren Übersicht einen kurzen Blick auf den Gesamthandel, den Export und Import zu werfen. Denn auf diese Weise können wir erst ein vollkommen getreues Bild von dem ökonomisch-wirtschaftlichen Werte der Kolonie gewinnen und ihre Stellung im Rahmen des Gesamthandels der französischen Kolonien und Protektorate ermessen. An der Einfuhr nehmen hauptsächlich Industrieartikel, Spirituosen, Lebensmittel, Kolonialwaren und Kleider teil, an der Ausfuhr Metalle, tierische Erzeugnisse, Gemüse, Koprah, Trepang und Kaffee (Sievers II t. p. 333).

Wie ein Blick auf die Tabelle uns lehrt, entwickelte sich der Handel Neucaledoniens erst seit den 70er Jahren kräftiger. Doch brachten die Jahre 1881 und 1886 noch empfindliche Rückschläge. Nach einem längeren Entwicklungsstadium und nach Überwindung vieler Krisen und Schwankungen ist ein allmähliches Anschwellen der Produkte und damit eine Steigerung des Exportes zu bemerken. Die Einfuhr übersteigt in der Regel immer noch beträchtlich die Ausfuhr, die sich fast ausschliesslich auf die Erzeugnisse des Bergbaues und der Viehzucht beschränkt, obschon auch hier ein langsames Zurücktreten und eine stetige Verringerung der negativen Handelsbilanz zu verzeichnen ist. Durch die bergmännischen Produkte hauptsächlich, auf denen zur Zeit die wirtschaftliche Bedeutung beruht und auch in fernere Zukunft beruhen wird, wurde der Handel auf eine solidere Basis gestellt und in ruhigere Bahnen gelenkt.

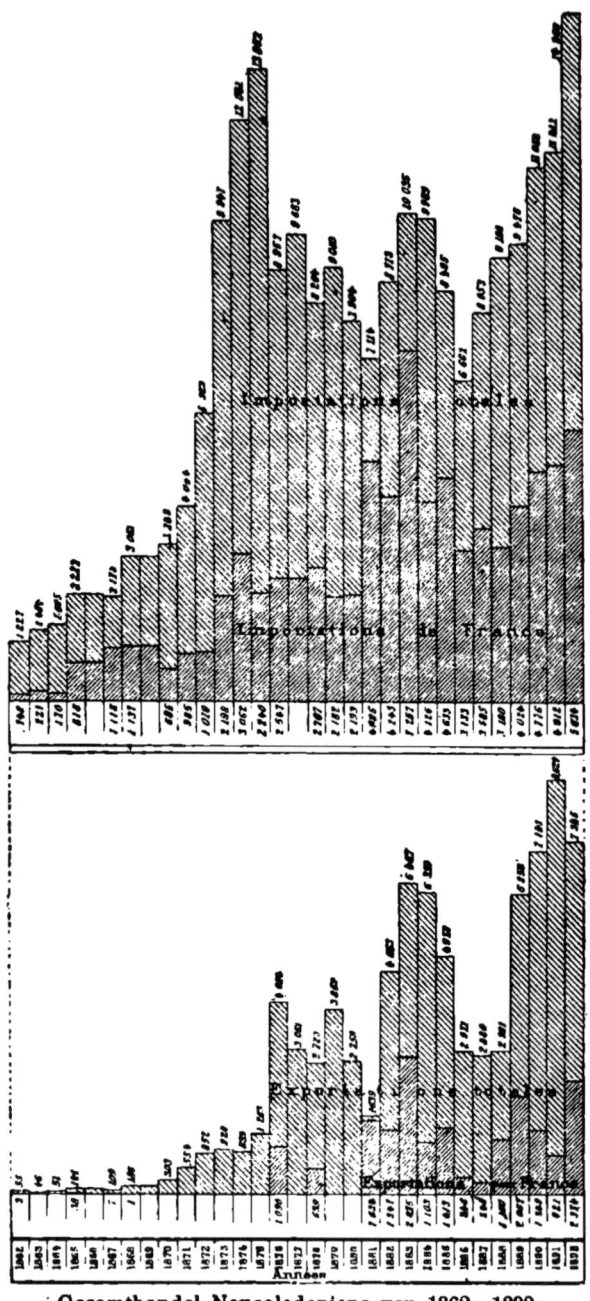

Gesamthandel Neucaledoniens von 1862—1892
(zu 1000 Frcs. gerechnet — nach Bernard, p. 375).

Gesamthandel Neucaledoniens vom Jahre 1892—1902.

	1892 Frcs.	1893 Frcs.	1894 Frcs.	1895 Frcs.	1896 Frcs.	1897 Frcs.
Import aus Frankreich	14 266 000	9 277 778	8 661 291	7 374 522	9 192 606	8 679 236
	5 634 000	5 267 974	5 275 424	3 611 318	4 736 537	4 396 640
Export	7 345 000	9 275 572	6 370 628	7 774 441	5 748 552	7 045 024
Gesamthandel	21 611 000	18 553 350	15 031 919	15 148 963	14 941 158	15 724 260

	1898 Frcs.	1899 Frcs.	1900 Frcs.	1901 Frcs.	1902 Frcs.
Import aus Frankreich	9 752 808	10 958 198	12 162 251	13 681 930	13 446 179
	5 026 930	6 275 796	5 863 848	7 377 598	7 351 660
Export	6 726 728	8 913 197	8 869 716	11 055 872	12 283 225
Gesamthandel	16 489 536	19 871 375	21 031 967	24 737 811	25 729 404

Gesamthandel der französischen Kolonien und Protektorate im Jahre 1901 (Kol.-Zeitschr. 1902, p. 493).

Kolonie	Import Frcs.	Export Frcs.
Senegal	64 073 960	38 205 361
Guinea	7 754 587	7 982 599
Elfenbeinküste	7 285 903	6 542 703
Dahome	15 752 650	16 478 916
Kongo	7 985 301	7 321 767
Mayotte	486 395	1 001 253
Madagaskar	46 032 759	8 975 473
Réunion	23 775 947	18 200 522
Obok	7 334 682	6 845 105
Vorder-Indien	3 792 680	22 253 187
Indochina	202 477 670	160 608 377
Neucaledonien	13 681 930	11 055 872
Tahiti	4 556 052	3 026 011
St. Pierre u. Miquelon	9 829 775	11 752 580
Martinique	26 973 431	26 016 649
Guadeloupe	20 592 816	15 476 469
Guyana	12 224 340	8 775 538
	474 610 977	364 518 482

3. Zivilisatorische Bedeutung.

Neucaledonien als Strafinsel.

Eine gewissermassen traurige Berühmtheit erlangte Neucaledonien durch seine Strafkolonien, und diesem Umstande hat die Insel in erster Linie es wohl zu verdanken, wenn sie seit langer Zeit in der ganzen zivilisierten Welt, allerdings in keineswegs euphemistischem Sinne, bekannt ist und ihr der Ruf eines Schreckensortes mit unwirtlichen Gestaden und einer Toteninsel voraufgegangen ist, auf welcher gespensterhaft die Verfehmten umherirren [1]. Schon bei der Besitzergreifung schwebte der damaligen Regierung Frankreichs der Gedanke vor und galt ihr auch als hauptsächlichstes Ziel, ein geeignetes Territorium für die Strafverschickung und Strafbesiedelung zu gewinnen, d. h. für die Überführung der Verbrecher nach einem überseeischen Gebiet und ihre Ansiedelung daselbst [2]. War die Frage der Strafkolonien schon im Entwicklungsstadium der Insel eine Lebens- und

---

[1] Damit stimmen die Worte von Reclus überein, der sagt: „Mais, quelle que soit actuellement et dans l'avenir la valeur économique de la N. C., son nom dans l'histoire lui vient surtout du rôle qui lui est échu comme lieu de transportation depuis 1864 et surtout après les événements de la Commune (Reclus, p. 684).

[2] Bernard, p. 327. La prise de possession, disait le Moniteur officiel (14. février 1854) a eu pour but d'assurer à la France dans le Pacifique la possition que réclamaient les intérêts de la marine militaire et commerciale et les vues du gouvernement sur le régime pénitentiaire. La N. C. était donc surtout acquise en vue d'un établissement pénitentiaire; on venait précisément de discuter à la chambre sur l'emplacement à choisir dans ce but.

eine Existenzfrage für dieselbe und von der allergrössten Bedeutung für deren gedeihliche Kulturentwicklung, so ist sie es bis zur Stunde geblieben; und von der günstigen und glücklichen Lösung dieses wichtigen Kulturproblems wird das zukünftige Schicksal der Insel in erster Linie abhängen. Wichtig ist also dieser Gegenstand schon an und für sich und lässt ein tieferes Eingehen auf diese Frage begreiflich erscheinen, obwohl eine präzise Darstellung des Wesens und der Geschichte der Strafkolonien mit manchen Schwierigkeiten verbunden ist, und man vielfach über die Grundbegriffe und Definitionen durchaus nicht so recht im klaren ist und man öfters auf diesem Gebiete Begriffsverwirrung und Verwechslung begegnet. Hier sei gleich bemerkt, dass wir im Deutschen gewöhnlich keinen Unterschied bei den Strafvollzugsarten machen und bei Strafverschickung allgemein nur von Deportation reden; so z. B.: M. Treu, Strafjustiz, Strafvollzug und Deportation, Leipzig 1905. — Graf Joachim Pfeil gegen Professor Dr. Bruck: Zur Frage der Deportation nach den deutschen Kolonien. — Bruck: Die gesetzliche Einführung der Deportation im deutschen Reich, Breslau 1897. — Bruck: Die Gegner der Deportation, Breslau 1901. — Auch Sievers spricht bei Schilderung der Strafanstalten in Neucaledonien allgemein nur von Deportation und verwechselt offenbar Deportation mit Transportation im engeren Sinne (Sievers, Australien, pag. 450)[1]).

---

[1]) In Sievers-Kükenthal, Australien, Ozeanien und Polarländer, Leipzig und Wien 1902, p. 331, ist diese Ansicht abgeändert und die richtige Auffassung vertreten, wiewohl noch manche Unklarheit und Unrichtigkeit sich vorfindet. Die Sträflinge zerfallen danach in drei Kategorien: politische Verbrecher, rückfällige, gemeine Verbrecher (relégués) und zum ersten Mal

Noch höheres und gewissermassen nationales Interesse gewinnt dieser Gegenstand, wenn wir in Betracht ziehen, dass auch bei uns in Deutschland seit geraumer Zeit dieses Problem die Geister beschäftigt, und durch Wort und Schrift, unter Hinweis auf den eventuellen Nutzen und die Vorteile der Deportation, diese Fragen lebhaft erörtert und erwogen werden und mit allen Mitteln Stimmung für die Expatriierung der Strafgefangenen gemacht wird [1]). Man vergleiche nur die

Verschickte (transportés). Die beiden ersten Kategorien sind für die Kolonisation ganz ungeeignet, die zu der letztern gehörigen dagegen können angesiedelt werden; haben jedoch ebenfalls die Kolonie nicht zu heben vermocht. Die Lage der Sträflinge ist sehr verschieden, je nachdem sie in den Strafanstalten (pénitenciers) gehalten oder zur Landarbeit zugelassen werden. Letztere erfreuen sich verhältnismässig grosser Freiheit. Die in den Strafanstalten eingeschlossenen aber haben ein hartes Los; sie bauen Strassen, Wasserleitungen und Telegraphenlinien und legen Gärten an, dürfen aber nur nach Frankreich zurückkehren, wenn ihre Strafe auf weniger als 5 Jahre (?) festgesetzt war. Selbst bei guter Führung sind solche von einer früheren Rückkehr ausgeschlossen und derjenige, dem sie gestattet wird, hat zunächst auf Neucaledonien 5 Jahre Probezeit bei Stellung unter Polizeiaufsicht durchzumachen und dann die Insel auf eigene Kosten zu verlassen.

1) Einer der eifrigsten und begeistertsten Vorkämpfer und Befürworter für eine Überführung der deutschen Verbrecherarmeen in eines der Schutzgebiete ist Dr. Oskar Priester, der in seinem 1899 erschienenen Buche „Die Deportation als Strafverbüssung in Form strafrechtlicher Detinierung und späterer Ansiedelung des Gewohnheitsverbrechers an überseeischen Plätzen" mit allzukühnem Optimismus betrachtet und in zu rosigem Lichte sieht, wie dies aus seinem Schlusssatze deutlich hervorgeht. Da heisst es nämlich: Jeder Fuss breit deutschen Koloniallandes wird dereinst für uns von eminenter sozialer Bedeutung sein. Hier schlummern vorläufig, nur wenig erkannt, die grossen Kräfte, die die überzählige, heute wertlose Produktion des Mutterlandes in die Bahnen führen können,

Eingabe des Deportationsausschusses des deutschen Kolonialbundes an den Reichskanzler vom 13. Fe-

dass sie, ohne dem hier winkenden Verderben preisgegeben zu sein, sich zu erhalten und ihr Vaterland von dem Schmerze zu bewahren imstande sind, machtlos den vollendeten Tatsachen der Übervölkerungskrise, des höchsten sozialen Elendes mit seinen furchtbaren Attributen gegenüberstehen, auf der anderen Seite aber winkt einer zielbewussten Kolonialpolitik, einer weisen Regelung der Strafrechtspflege auf dem segensreichen Weg der Deportation in unsere Kolonien das edle, eines Kulturstaates allein würdige Ziel, aus stumpfsinnigen bis zur Revolution unzufriedenen vaterlandslosen Proletariern arbeitsfreudige, weil arbeitfindende, und arbeitsgesegnete, weil arbeitstaugliche dem rettenden Vaterlande dankende Menschen verschaffen, die deutsche Kultur, deutschen Fleiss, deutsche Gerechtigkeit dort anpflanzen, wo die befruchtende Aussaat ernster, sittlich geheiligter Arbeit noch nicht gefallen ist. Mehr und mehr nähert sich die Teilung des Erdballes ihrem Ende; wehe dem Volke, das sich zu spät seiner Kulturmission erinnert wenn keine Scholle mehr frei ist, da es die Überkeime der Heimat einpflanzt, wehe dem Ahnen-Erben, dessen Kinder und Kindeskinder erst im Schmerz die Wahrheit des Dichterwortes verstehen lernen: „Was du ererbt von deinen Vätern, erwirb es, um es zu besitzen!" — Gut orientierend über den heutigen Stand dieser Frage ist ein Aufsatz W. Werther's in Kol.-Zeitschr. 1904, p. 225. Dort heisst es: „Da die Frage vom sozialen, vom rechtlichen, vom nationalökonomischen — es sei hier auch an den leidigen Wettbewerb der Gefängnisarbeit erinnert — und vom kolonialwirtschaftlichen Standpunkt aus äusserst wichtig ist, so wäre es wohl wert, auch das Interesse weitester Kreise des deutschen Volkes zu beschäftigen, und es würde eine glückliche Lösung nach den verschiedensten Richtungen hin grossen Segen stiften können". — Über fakultative Strafverschickung nach der Südsee äussert sich die Kol.-Zeitschr. 1904, p. 225, wie folgt: Seit einer Reihe von Jahren ist die Frage der Einführung der Deportation von Strafgefangenen nach unseren Kolonien in Büchern und Schriften, wie in der Presse hin und her erörtert worden, ohne dass es angesichts der grossen Zahl verschiedenartigster Ansichten bis jetzt zu einem greifbaren Er-

bruar 1905 (Kolon.-Zeitschr. 1905, pag. 86), worin für das System der freiwilligen Verschickung in dem Sinne

---

gebnis gekommen wäre. Bedeutende Sachkenner, sowohl kriminalistischer (Dr. Stenglein 60. Bd. d. „Gerichtssaals": Die Verurteilung Vorbestrafter oder die Notwendigkeit der gesetzlichen Einführung der Deportation auf Grund der jüngsten Kriminalstatistik), wie kolonialwirtschaftlicher Richtung, in erster Linie Prof. Dr. Bruck, Graf Joachim Pfeil und in neuester Zeit Oberlandesgerichtsrat Casimir Wagner (Die Strafinseln, Stuttgart 1904), haben versucht, diese für Deutschland neue Art des Strafvollzugs zum Gegenstand einer Gesetzvorlage zu machen, sind jedoch bis jetzt mit ihren Bestrebungen nicht durchgedrungen. — Diese Erwägungen über die Unvollkommenheiten in der Art des heutigen Strafvollzuges hat auch den Vorstand des kolonial-deutschen Bundes veranlasst, sich mit der Frage zu beschäftigen. Aus seiner Mitte wurde ein Ausschuss gebildet, dem die verschiedenen Ansichten zur Begutachtung vorgelegt wurden: ob, wohin und in welcher Weise wohl eine Verschickung von Strafgefangenen in die Wege geleitet werden könne und ob es im wirtschaftlichen Interesse unserer Kolonien liege, wenn man eine von ihnen ganz oder teilweise zur Verschickungs- und Ansiedelungszwecken von Verbrechern oder von entlassenen Strafgefangenen benutze. Als Ort wurde einstweilen die Admiralitätsinsel, deren Bevölkerung stark in der Abnahme begriffen und die von Europäern nicht bewohnt ist, als geeigneter Strafort bezeichnet. Als Ansiedelungsinsel für entlassene Strafgefangene wurde Neupommern mit Ausschluss der Gazelle-Halbinsel, die schon besiedelt ist, vorgeschlagen. Von einer solchen als gerichtlich oder zwangsweise zu verfügende Strafart sollte abgesehen werden, und man sprach sich dahin aus, dass die Verschickung wahlfrei sein müsse, d. h. es solle den zu längerer Freiheitsstrafe Verurteilten freigestellt werden, ihre Strafe als Deportationsstrafe verbüssen zu können.
— A. Herfurth, Die Strafinseln, Kol.-Zeitschr. 1903, p. 503. — M. Flandin, Die freiwillige Deportation, Kol.-Zeitschr. 1904, p. 80. — W. Werther, Fakultative Strafverschickung nach der Südsee, Kol.-Zeitschr. 1904, p. 225. — O. Priester, Deutschlands Stellung zur Frage der Verbrecher-Deportation, Kol.-Zeitschr. 1904, p. 274 und p. 292.

entschieden wird, dass zu langjährigen Freiheitsstrafen verurteilte Verbrecher je nach ihrer Wahl im Mutterlande ihre Strafe verbüssen oder die Deportation vorziehen können. Der erste Versuch soll auf den grossen Admiralitätsinseln mit 500 Freiwilligen unter Inaussichtstellung nachträglicher Ansiedlung in Neupommern, vorerst unter Aufsicht von 50 Mann Marine-Infanterie und 25 Aufsehern gemacht werden; bis zur Errichtung von Unterkunftsbaracken sollen die Sträflinge in abgetakelten Hulks, die aus Australien herüber geschafft werden sollen, kampieren. Die erste Beschäftigung soll vorwiegend landwirtschaftlicher Art sein.

Eigenartig und charakteristisch liegen die Strafverhältnisse auf Neucaledonien, bei deren Betrachtung vor allem festzuhalten ist, dass die Insel im Laufe der Zeit das Versuchsobjekt und der Schauplatz verschiedener Strafsysteme geworden ist, die, wenn sie auch in manchen Punkten eine gewisse Ähnlichkeit mit einander aufweisen, dennoch grundverschieden und unabhängig von einander sind und die, aus den Zeitverhältnissen, aus der politischen Lage und den rechtlichen Anschauungen sich ergebend und aus denselben hervorwachsend, auf Neucaledonien einander ablösten. Drei grosse Kategorien von Verbannten treten uns entgegen, die, aus dem Mutterlande ausgestossen, hier unfreiwilligen Aufenthalt nehmen mussten und denen die Insel zur zweiten Heimat geworden ist. Es sind dies die Deportierten, die Transportierten und die Relegierten.

a) Die Deportation.

Die Deportation ist nach dem Wortlaute des Gesetzes: „Une peine afflictive et infamante, perpétuelle, réservée pour la répression des infractions politiques"[1]). Die Deportation ist also im Sinne und nach dem Willen des Gesetzes, was wohl zu beachten ist, stets und immer eine politische Strafe. Sie zieht den Verlust der bürgerlichen Rechte nach sich[2]) und besteht in der Expatriierung, der zufolge der Delinquent aus dem territorialen Gebiete Frankreichs nach einer Strafkolonie übergeführt wird, um daselbst auf Lebenszeit interniert zu werden. Das Gesetz unterscheidet zwei Arten von Deportationen, nämlich die einfache (D. simple) und die Deportation innerhalb geschlossener Räumlichkeiten, d. h. hinter Mauern und Gittern (D. dans une enceinte fortifiée).

Suchen wir ein Analogon in den Gesetzgebungen früherer Zeiten und älterer Völker, so finden wir in der Geschichte des römischen Volkes, dass die Deportation in Rom eine beliebte Massregel und eine leichte Handhabe war, um politische Nebenbuhler und gefährliche Gegner sich vom Halse zu schaffen und sie dauernd unschädlich zu machen. Dieser Strafvollzug, der bei den Römern den Namen „Relegatio" führte, bestand in der lebenslänglichen Verbannung nach einem bestimmten Orte.

Das alte französische Recht kannte diese Strafe nicht; erst die Neuzeit brachte ihm diese zweifelhafte Errungenschaft. Desto mehr war sie bei den Eng-

---

1) Louis André, Déportation, Grande Encyclopédie T. 14. — Alb. Rivière, Colonies pénales, Grande Encykl. T. 11, p. 1060. — Leroy-Beaulieu, p. 525.

2) André, C'est une peine principale, et elle entraîne, comme peines accessoires, l'incapacité de disposer ou de recevoir à titre gratuit, la dégradation civique, l'interdiction légale, l'interdiction administrative du séjour au cas, où la déportation viendrait à cesser par une amnistie ou une grâce. Enfin l'affichage de l'arrêt de condamnation.

ländern im Schwung, die seit 1619 die sogenannten „Convicts" nach den britischen Besitzungen Amerikas und seit 1788 nach Australien beförderten. In das französische Gesetzbuch fand die Deportation Eingang durch das Strafgesetz vom 25. September 1791 (Tit. I. Art. 29).

Dabei trat die rein politische Seite dieses Gesetzes klar zu Tage, denn das Gesetz vom 19. Florial d. J. II. besagte, dass die Deportationsstrafe von den Schwurgerichten verhängt und ausgesprochen werden könne sowohl auf bestimmte Zeitdauer, als auch auf Lebenszeit und zwar gegen Personen, bei denen der Mangel an Patriotismus und Bürgertugend Anlass zu Konflikten und Unruhen geben könne[1]. Dadurch wurde einer schrankenlosen Willkür Tür und Tor geöffnet und ein Gewaltakt durch gesetzliche Bestimmung sanktioniert; eine Massregel, die sich freilich aus den damaligen politischen Unruhen und Umtrieben leicht erklären lässt und den Stempel der rücksichtslosen Gewaltherrschaft und Schreckenszeit an der Stirne trägt. Bei der Neuordnung der Justizpflege liess das Strafgesetzbuch vom Jahre 1810 die Deportation unangetastet und erkannte sie als legal an; wies ihr sogar die dritte Stelle an in der Reihenfolge der schweren Strafen[2], unter genau detaillierter Bestimmung der einzelnen Ausführungsgesetze. Seit dieser Zeit nun blieb sie der Gegenstand verschiedener Gesetzes-Novellen[3].

---

[1] André, Contre les personnes, dont l'incivisme aurait été un sujet de trouble ou d'agitation.

[2] Art. VII führte an erster Stelle die Todesstrafe an, sodann die lebenslängliche Zwangsarbeit und endlich an dritter Stelle die Deportation und weiter die Zwangsarbeit auf bestimmte Zeit.

[3] André, Die Reihenfolge der Gesetzesbestimmungen ist

Über den Strafvollzug hatte das Gesetz vom Jahre 1810 zwar vieles bestimmt und näher präzisiert; die nähere Bezeichnung und Anweisung des Strafortes jedoch hatte es ausser acht gelassen und dessen Wahl dem Ermessen und Gutdünken der jeweiligen Regierung anheimgestellt. Während des Kaiserreiches und der Restauration wurden die zur Deportation Verurteilten vorläufig bis zur Expatriierung in der Zitadelle des Mont St. Michel interniert und untergebracht, um dann nach Ablauf einer gewissen Frist in ein überseeisches Gebiet übergeführt zu werden. Doch dieses Provisorium zog sich immer mehr in die Länge, weil die Regierung nicht schlüssig werden konnte, welches Territorium als das geeignetste anzusehen sei. Hiermit war man bei einem Zustand angelangt, wo die Deportation tatsächlich durch die lebenslängliche Festungshaft ersetzt war. Um diesem Übelstande abzuhelfen und die Deportation genauer zu regeln und in ein gesetzliches Gewand zu kleiden, wurde das Gesetz vom 28. April 1832 erlassen, welches bestimmte, dass, so lange kein Strafort bestimmt sei oder unvorhergesehene Hindernisse die Überführung vereitelten oder unmöglich machten, die Deportationsstrafe in lebenslängliche Haftstrafe umzuwandeln sei.

Eine königliche Ordonnanz vom Jahre 1835 22. Januar und 1. Februar) wies den zur Deportation und Haftstrafe Verurteilten die Zitadelle von Doullens (Dép. de la Somme) an. Das Gesetz vom 9. September

---

folgende: ordonnance royale du 2 avril 1817, loi de révision du 28 avril 1832, ord. royale du 22 janvier, 1 février 1835, loi du 9 sept. 1835, décret du 6 mars 1848, loi du 8 juin 1850, décret des 22 und 25 juillet 1850, loi du 23. mars 1872, décr. du 31 mai 1872, loi du 25 mars 1873, décr. du 10 mars 1877.

1835 ¹) bedeutete eine Verschärfung und Erschwerung der Deportation, insofern der Verbannte nach einer überseeischen französischen Besitzung übergeführt werden konnte, eine Bestimmung, die dann später durch das Gesetz vom 6. März 1848 annulliert und aufgehoben wurde.

Einen weiteren Zusatz brachte das Gesetz vom 8. Juni 1850, welches die fingierte und formelle Deportation durch die faktische, reale ersetzte und eine Zweiteilung derselben einführte, indem es nämlich eine einfache (D. simple oder mineure) und eine Deportation innerhalb geschlossener Räumlichkeiten (D. majeure) unterschied. Dieses Gesetz sollte nämlich eine Lücke im Strafkodex ausfüllen, die durch Abschaffung der Todesstrafe für politische Vergehen eingetreten war (Art. V de la constitution 1848). Als Strafort wurde von dem Gesetze (8. Juni 1850) die Insel Nukahiwa (Marquesas-Inseln) für die einfache Deportation und für die Deportation in einer Festung das Tal Waithou auf der Insel Tahuta (Marquesas-Inseln) bestimmt. Zu bemerken ist jedoch, dass dieses Gesetz keine retroaktive Kraft ausüben sollte.

Kurz darauf wies das Gesetz vom 22. und 25. Juli 1851 den Verbannten, deren Verurteilung schon vor Erlass des Gesetzes vom 8. Juni 1850 erfolgt war,

---

1) André, La loi du 9 sept. 1835 voulut en effet que tant qu'il ne serait pas établi de lieu de déportation, le condamné fût détenu à perpétuité, soit dans une prison en France, soit dans une prison hors du territoire continental dans une des possessions françaises, qui serait déterminée ultérieurement par une loi; le choix entre ces deux modes de détention en France ou hors de France n'était pas laissé à la discrétion du pouvoir exécutif: l'arrêt de condamnation devait exprimer le mode d'exécution. Sous ce rapport, il semble qu'il y avait déjà deux degrés de la déportation.

die Zitadelle von Belle-Isle-en-Mer als Aufenthaltsort an. In diesem Stadium blieben nun die Gesetze, denen übrigens besonders in ruhigen politischen Zeiten wenig Bedeutung beigemessen wurde und die nur wenig gehandhabt wurden, längere Zeit hindurch, bis zum Jahre 1872, wo sie eine Repristination erlebten und von neuem in Kraft traten. Nach Niederwerfung und blutigen Niederkämpfung des Aufstandes der „Kommune" in Paris, die mit der Gefangennahme und Internierung der Aufständigen endete, nahm die Regierung zu einem Radikalmittel Zuflucht, um sich die Masse der Gefangenen vom Halse zu schaffen und sie auf längere Zeit unschädlich zu machen. Sie bestimmte durch Gesetz vom 23. März 1872 Neucaledonien als Deportationsort für beide Deportationssysteme, und zwar die Ile des Pins und im Falle deren Unzulänglichkeit die Insel Maré für die einfache Deportation; die Halbinsel Ducos für die andere Deportation. Dieses Gesetz vom Jahre 1872 bildet die letzte Phase und den Schlussstein des französischen Deportationswesens.

Lebensgang der Deportierten.

Der Lebensgang der Deportierten war gesetzlich fest geregelt und normiert. Nur die hauptsächlichsten Momente seien hier herausgegriffen und in aller Kürze erwähnt. Arbeitszwang existierte für den Verbannten nicht; nur durch ein neues Vergehen in der Kolonie konnte ihm dieser zur Pflicht gemacht werden. Um den Sträfling zur wirtschaftlichen Selbständigkeit zu erziehen, war ihm Gelegenheit geboten, eine Länderkonzession zu erwerben, die nach 5jähriger provisorischer Zugehörigkeit sein festes Besitztum wurde. Ferner durfte er im Kreise seiner Familie und seiner

Angehörigen leben, für welche die Überfahrt nach dem Straforte freigestellt war und auf welche beim Ableben des Verbannten das Landgut testamentarisch übergehen konnte. Mit äusserster Strenge wurde jeglicher Fluchtversuch bestraft. Diese Bestimmungen erstreckten sich auf beide Kategorien von Verbannten, wiewohl der Strafvollzug ein grundverschiedener war[1]).

Bestand schon ein gewisser Unterschied zwischen diesen zwei Kategorien von Verbannten, so ist derselbe zwischen der Deportation und der Transportation (zu der wir uns später wenden wollen) ein tieferer, fundamentaler. Diese beiden Begriffe: Deportation und Transportation (welch letzterer die zur Zwangsarbeit Verurteilten unterworfen sind), werden öfters

---

1) Die Hauptunterschiede zwischen den beiden Formen der Deportation sind kurz folgende: a) Verschieden war der Strafort. Die einfache Deportation vollzog sich nämlich auf der Pinieninsel oder auf der Insel Maré, die andere, strengeren Charakters, wurde auf der Halbinsel Ducos abgebüsst. b) Verschieden waren ferner die Lebensbedingungen. Dem Deportierten der ersten Gattung war relative Bewegungsfreiheit im ganzen Bereiche des Territoriums zugesichert. Der Deportierte der 2. Klasse war zwar in keiner Zitadelle eingeschlossen, jedoch waren hier die Grenzen der Bewegungsfreiheit weit enger gezogen, denn sie waren nur bis an die Schutzmauern des befestigten Lagers erweitert, so dass eine strengere, persönliche Beaufsichtigung gehandhabt werden konnte. c) Dem Deportierten der 1. Klasse konnte gleich bei seiner Ankunft die Erlaubnis erteilt werden, ausserhalb des für die Deportierten bestimmten Gebietes sich häuslich niederzulassen und Länderkonzessionen zu erwerben, Vergünstigungen, die der anderen Klasse erst nach 5jähriger guter und tadelloser Aufführung gewährt wurden. d) Der Hauptunterschied lag jedoch darin, dass den Deportierten der 1. Klasse die Ausübung einer Reihe bürgerlicher Rechte im Bereiche ihres Strafortes gewährt wurde, während dieses Privileg den andern völlig versagt blieb und nur durch speziellen Gnadenerlass wieder zurückerstattet und gewährleistet wurde.

nicht streng und sachlich auseinander gehalten, was leicht erklärlich ist, weil bei der Identität des Strafortes für beide Strafsysteme die Möglichkeit einer Begriffsverwirrung und Vertauschung nahe lag, obschon der Strafvollzug beide Systeme genügend differenziert und hinreichend charakterisiert. Die Hauptunterschiede sind kurz folgende:

1. Die Deportation ist immer, wie schon hervorgehoben, eine politische Strafe; die Transportion hingegen trägt keinen politischen Charakter.

2. Die Deportation ist stets lebenslänglich, die Transportation bald lebenslänglich, bald zeitlich beschränkt.

3. Die Deportation verpflichtet den Verbannten zu keiner Arbeitsleistung; mit der Transportation hingegen ist immer Arbeitszwang verbunden[1]).

4. Die Deportation, wenigstens die einfache, kann nicht über ein Individuum verhängt werden, das im Moment der Verurteilung das 70. Lebensjahr überschritten hat. In diesem Falle wird sie durch die Haftstrafe ersetzt.

Für die Transportation bildet das 60. Lebensjahr die gesetzliche Altersgrenze, bei deren Erreichung eine Umwandlung der Strafe in Zuchthausstrafe eintritt.

5. Die Straforte für die Deportation sind durch das Gesetz bestimmt und geregelt; diejenigen für die Transportation werden durch diesbezügliche Dekrete fixiert.

Nach diesen etwas weitführenden Darlegungen kehren wir zum eigentlichen Thema zurück und knüpfen an das Gesetz vom 2. März 1872 an, wodurch Neucaledonien als Deportationsort bezeichnet wurde. Am 29. September 1872 traf der erste Transport von Deportierten auf der Insel ein, die in kurzen Zwischenräumen bis zu 3900 Verbannten anwuchsen.

---

1) Der Arbeitszwang bildet den Grundcharakter und eigentliche Signatur der Transportation.

Davon langten bis Ende 1873 3346 Kommunisten an, die übrigen von 1874 bis 1877. Unter dieser grossen Zahl von Sträflingen befanden sich auch Frauen und Kinder, 450 an der Zahl. Von bekannten Persönlichkeiten, die auch in der Folgezeit eine gewisse politische Rolle spielten, und die damals nach der Strafinsel verbannt resp. begnadigt wurden, seien hier nur Rochefort[1]), Reclus[2]) und Louise Michel[3]) erwähnt.

1) Rochefort-Luçay (Victor-Henri, Marquis de), mit dem gewöhnlichen Namen Henri Rochefort, wurde zu Paris am 31. Januar 1831 geboren. Schon früh begann er seine politische und journalistische Laufbahn. 1868 gründete er die „Lanterne". Am 20. Sept. 1871 wurde er zur Deportation verurteilt und am 8. Dez. 1873 nach Neucaledonien übergeführt. Nach viermonatlichem Aufenthalt auf der Halbinsel Ducos entkam er mit mehreren Genossen wie Paschal, Grousset, Olivier-Pain, Jourde u. s. w. 1880 siedelte er wieder nach Paris über und gründete das radikal-sozialistische Blatt („L'Intransigeant"), an dessen Spitze er noch heute steht. Unstreitig ist er einer der hervorragendsten Journalisten Frankreichs.

2) Reclus, Jacques Elisée, dieser grosse Meister der neuern Geographie, wurde geboren am 15. März 1830 in Sainte-Foy-la-Grande (Gironde). Einen grossen Teil seiner Jugend brachte er in Rheinpreussen zu und studierte unter Ritter in Berlin. Sein bleibendes Hauptwerk, das er im Jahre 1875 begann, ist die grossartig angelegte „Nouvelle Géographie Universelle", die bis jetzt 17 starke Oktavbände umfasst. Unter dem Kaiserreich gehörte R. bereits zu den sozialistischen Republikanern und unter der Kommune nahm er für diese Partei. Er wurde mit seinem Bruder Michel Elie 1871 zur Deportation verurteilt, die aber 1872 auf die Fürbitte fremder Gelehrter in Verbannung umgewandelt wurde. Er lebte hierauf mehrere Jahre am Genfersee und wurde neben Kropotkin zum angesehensten Führer der Anarchisten. Im Jahre 1892 wurde er an die Universität Brüssel berufen, wo er bis in die letzte Zeit seine Lehrtätigkeit übte. Er starb zu Thourout (Belgien) am 5. Juli 1905.

3) Michel, Clémence Louise, franz. Revolutionärin,

Für Kolonisationsarbeiten jedoch, vor allem für die Urbarmachung und Bebauung der Ländereien waren diese Häftlinge wenig geeignet. Vor allem waren sie keinem obligatorischen Arbeitszwang unterworfen und sodann rekrutierte sich die Mehrzahl aus dem Arbeiterstande der Weltstadt Paris, denen solche Kulturarbeiten wenig zusagen mussten und die sich bei ihren bekannten politischen Gesinnungen für solche Ziele und Zwecke nicht erwärmen und begeistern konnten. So wurde die Arbeitsleistung auf ein Minimum reduziert und herabgedrückt, und der kulturelle Wert derselben war sehr gering. In diesen Ansichten mussten die Verbannten noch bestärkt werden durch den Gedanken auf eine nahe Befreiung, die durch eine Umwälzung der bestehenden staatlichen Verhältnisse in nahe Aussicht gestellt werden konnte und die damals bei der politischen Lage Frankreichs durchaus nicht zu den Unmöglichkeiten gehörte. Die Befreiung sollte auch nicht lange ausbleiben. Infolge des Amnestiegesetzes vom Jahre 1880, wodurch fast sämtliche politische Verbrecher durch Mac-Mahon und Grévy begnadigt wurden, konnten auch die Deportierten Neucaledoniens nach Frankreich zurückkehren. Nur wenige machten von diesem Gnadenerlass keinen Gebrauch und blieben auf der Insel zurück. Im Jahre 1900 zählte man auf Neucaledonien nur noch

---

wurde auf dem Schlosse Vroncourt (Haute-Marne) am 20. April 1833 geboren. Lehrerin von Beruf, trat sie bald als eifrige Vorkämpferin revolutionärer und kommunistischer Ideen auf. Wegen Teilnahme am Aufstande wurde sie am 16. Dez. 1871 vom Kriegsgericht zur Deportation verurteilt. Nach ihrer Rückkehr im Jahre 1880 blieb die „Vierge rouge", wie sie gewöhnlich genannt wird, immer noch der revolutionären Gesinnung treu. Sie starb am 9. Januar 1905.

10 Deportierte, während 1887 noch 1124 vorhanden waren[1]).

b) Die Transportation.

Unter Transportation im weiteren Sinne versteht das Gesetz: „Le mode actuel d'éxécution des travaux forcés, de la déportation et de la rélégation"[2]); und sie besteht in der Expatriierung des Verurteilten, der zur Abbüssung seiner Strafe nach einer vom Mutterland entfernteren Kolonie übergeführt wird. Transportation im engeren Sinne ist die Expatriierung der zur Zwangsarbeit Verurteilten[3]). Dieser Strafvollzug gelangte zuerst auf den Galeeren zur Ausführung, später sodann in speziellen in Frankreich gelegenen Gefängnissen, die den Namen Bagnos (Bagnes) führten. Nach verschiedenen missglückten Versuchen wurde die Bagnosstrafe definitiv aufgegeben und durch das

---

1) The Statesman's Year-Book.

2) Le Sueur, Transportation, Grande Encycl. — Bernard, p. 402.

3) Nicht zu verwechseln mit der Transportation im genannten Sinne ist die politische Transportation, die jeder gesetzlichen Grundlage entbehrt und unter Missachtung der bestehenden rechtlichen Verhältnisse einzig und allein von der schrankenlosen Willkür politischer Machthaber abhängt und zu Parteizwecken missbraucht wird, um politische Nebenbuhler aus dem Lande zu entfernen und sie unschädlich zu machen. Zu dieser Massregel nahmen seit dem Revolutionsjahr 1848 die verschiedenen Regierungsformen Frankreichs ihre Zuflucht, indem sie als Grund die Gefährdung der öffentlichen Sicherheit vorschützten. Sie ist keine Strafe im eigentlichen Sinne unserer Gesetze und zieht infolgedessen auch nicht den Verlust der bürgerlichen Ehrenrechte nach sich. Zur Anwendung gelangte sie vornehmlich im Jahre 1848, sodann weiter im Jahre 1851 und 1852 als Nachwirkungen des bekannten Staatsstreiches vom 2. Dezember 1851.

Gesetz vom 30. Mai 1854 durch die Transportation ersetzt. Auf Grund dieses Gesetzes können alle Kolonien, mit alleiniger Ausnahme Algeriens angehalten werden, die zu dieser Strafe Verurteilten aufzunehmen. Zur Zeit steht dem Kolonialminister das Recht und die Befugnis zu, jedem Verbannten die betr. Strafkolonie anzuweisen [1]).

Von den Kolonien ist französisch Guyana (Cayenne) spezieller Strafort für die Verurteilten arabischer Herkunft. Franz. Somalland für solche, die aus Afrika oder Indien stammen (Decr. vom 3. März u. 3. Okt. 1886) und franz. Congo für solche anamitischer oder chinesischer Herkunft [2]). Neucaledonien ist seit dem 2. Sept. 1863 als Transportationsort für die Europäer reserviert. Die beiden Zentren dieser Strafanstalten sind daselbst Bourail und die Nouméa vorgelagerte Insel Nou.

Obligatorisch ist die Transportation für die zur Zwangsarbeit verurteilten Männer, fakultativ jedoch für die Frauen, von denen zumeist nur solche transportiert werden, die eine Ehe mit einem Sträfling eingehen wollen. Von den Männern werden, wie schon früher erwähnt, nur solche dieser Strafe unterworfen, die noch nicht das 60. Lebensjahr überschritten haben. Im Falle Überschreitens dieser Altersgrenze tritt lebenslängliche oder zeitliche Zuchthausstrafe ein.

Lebensgang der Transportierten.

Die Transportierten zerfallen, je nach der Schwere der Strafe, ihrer Aufführung und ihrer Arbeitsfreudigkeit, in drei Kategorien [3]). Die Zugehörigen der

---

1) Decret vom 16. Nov. 1889 und 4. Sept. 1891.
2) Decret vom 1. Dez. 1887.
3) Decret vom 4. Sept. 1891.

1. Klasse allein können Länderkonzessionen erwerben. Auch ist ihnen Aussenarbeit gestattet und sogar erlaubt, bei den Kolonisten in ein Dienstverhältnis zu treten. Auch kann ihnen ein Teil der Strafe nachgelassen, und die Häftlinge in bedingte Freiheit gesetzt werden (libération conditionnelle). Bei Erteilung von Konzessionen, wo ihnen Gelegenheit zur Betätigung ihrer sittlichen Kräfte geboten ist, wird vor allem auf die sozialen Verhältnisse dieser „Enterbten" Rücksicht genommen, was vom pädagogischen und sozialpolitischen Standpunkt aus äusserst lobenswert und angemessen erscheint. Die Ermächtigung wird nämlich erst auf Grund eines hinreichenden Vermögensnachweises (200 Frs.) und der Zahlung einer fortlaufenden jährlichen Rente erteilt. Nach fünfjähriger provisorischer Verwaltung und Nutzniessung wird die Konzession definitives Eigentum, kann vererbt werden und rechtlich nur entzogen werden wegen Fluchtversuchs, wegen Unterlassung der Rentenzahlung und Verurteilung wegen schwerer Vergehen. Bei Gewährung der Konzession stellt die Regierung die Wohnung, liefert die Lebensmittel auf 3–6 Monate und obendrein die verschiedenen Wirtschaftsgeräte und Utensilien gegen eine Abschlagszahlung auf 10 Jahre (Decret. vom 18. Januar 1895). Diese Vergünstigungen geniessen die Sträflinge der beiden anderen Kategorien nur ausnahmsweise, und zwar werden sie nur auf Grund hervorragender kultureller Leistungen gewährt.

Die Sträflinge der zweiten Kategorie finden hauptsächlich Verwendung bei öffentlichen Arbeiten und Kolonisationsarbeiten. Diejenigen der dritten Kategorie werden zu den schwersten Arbeiten angehalten, und ihr Los ist durchaus kein beneidenswertes. Tag und Nacht ist ihnen strenges Stillschweigen auferlegt.

Sie leben auch in Einzelhaft gesondert von den anderen Sträflingen und müssen streng genommen, nachts in Isolierzellen untergebracht werden. Eine Unterabteilung dieser Kategorie bilden die „Unverbesserlichen", die völlig getrennt von den anderen leben und mit äusserster Strenge und rücksichtsloser Härte behandelt werden.

Bei der Strafverschickung der Transportierten werden die Sträflinge durch den Justizminister der zweiten und dritten Kategorie zugeteilt und überwiesen, aus welcher Stellung sie dann erst nach längerer Prüfungszeit in eine höhere Klasse aufrücken können. Wie schon früher bemerkt, bildet der Arbeitszwang die eigentliche Signatur dieser Strafe, obschon das Problem der Arbeit für den Sträfling eine wenig komplizierte Sache bildet. Sein Grundsatz nämlich lautet: Faire le moins possible dans le plus de temps possible [1]).

Strenge Strafen werden zur Durchführung dieser Massregel in Anwendung gebracht [2]); dieselben dienen auch zur Aufrechterhaltung der Disziplin, in deren Übertretungsfalle mit eiserner Härte vorgegangen wird [3]).

---

1) Legrand, p. 22.

2) Sträflinge, welche ihr Arbeitspensum nicht erledigen, werden zu Wasser und Brot verurteilt; auch ist, um die Verbannten zu grösserer Arbeitsleistung zu bewegen und anzuspornen, ein Markensystem eingeführt, wodurch der Gefangene für seine Arbeitsleistung eine Gratifikation in der Form von Gutscheinen erhält, wobei er manche Vergünstigungen materieller Natur, sei es als Zulage bei Tisch oder als Baargeld, erlangt.

3) Le Sueur, La prison de nuit (de un jour à un mois): Le condamné couche sur le lit de camp, avec la boucle simple; la cellule (de un jour à deux mois): le condamné est isolé mis

Eine wichtige Kategorie unter den Transportierten bilden die „Libérés" (Befreite, Freigelassene), die gerade, weil sie ein so schwieriges Problem darbieten, desto grösseres Interesse beanspruchen [1]). Was ist nun der libéré?

Nach Verbüssung der Strafe darf der zur Zwangsarbeit Verurteilte keineswegs sofort nach Frankreich zurückkehren, sondern ist, wenn die über ihn verhängte Strafe die Zeitdauer von 8 Jahren überschreitet, ipso facto zu lebenslänglichem Aufenthaltszwang in der Strafkolonie verurteilt. Beträgt die Strafe jedoch weniger als 8 Jahre, so ist der Sträfling nach Strafverbüssung einem dieser Strafdauer analogen Aufenthaltszwang in der Kolonie unterworfen. Dieser Massregel unterliegt selbst der Begnadigte und bleibt davon nicht verschont, wofern nicht noch ein spezieller Gnadenerlass hinzutritt. Diese Libérés sind im Grund genommen wohl frei und geniessen die Freiheit im Prinzip, jedoch mit der wichtigen Einschränkung, dass sie

---

à la boucle simple et tous les 3 jours ne mange que du pain; le cachot (un jour à un mois): le condamné est mis au pain sec deux jours sur trois, enfermé dans un local obscur et porte la double boucle. Les peines corporelles sont supprimées. La seule punition que puisse infliger le gardien est celle de la prison et pour deux nuits au maximum. Les punitions plus fortes sont prononcées par une commission spéciale, dite commission disciplinaire. Elle réprime seulement les infractions à la discipline. Les infractions à la loi pénale, contraventions, délits ou crimes, commises par les condamnés, sont réglés par le code militaire pour l'armée de mer. Les peines appliquées sont (Decr. 3. Okt. 1889); la mort, la réclusion cellulaire de six mois à cinq ans, l'emprisonnement de six mois à cinq ans. L'évasion est puni de deux à 5 ans de travaux forcées pour les condamnés à temps; les condamnés à perpétuité subissent la double chaîne pendant le même delai.

1) Bernard, p. 425. Ce qui est dangereux, c'est le libéré.

ohne behördliche Erlaubnis die Kolonie nicht verlassen dürfen, ja nicht einmal ihren Wohnsitz in der Kolonie ändern können. Zwecks schärferer Kontrolle haben sie sich jährlich zweimal der Behörde zu stellen. Zuwiderhandlungen werden mit Geldstrafen und Zwangsarbeit von 1—3 Jahren bestraft. Im Vollbesitz der bürgerlichen Ehrenrechte unterstehen sie der gewöhnlichen Gerichtsbarkeit. Arbeitszwang besteht zwar für den libéré nicht; wenn er jedoch die nötigen Subsistenzmittel nicht aufweisen kann, sei es in Baarvermögen, sei es durch Ausübung eines Handwerkes oder Bewirtschaftung des Bodens, so wird er den Landstreichern und Vagabunden gleichgestellt und als solcher behandelt. Der Erwerbsmodus von Länderkonzessionen vollzieht sich bei ihm analog wie bei den anderen Sträflingen.

Wie aus nebenstehender Skizze zu ersehen ist, ist vom Jahre 1867—1887 ein rapides Steigen der Transportierten-Ziffer zu beobachten, nämlich von 1000 bis über 8000. Der Grund liegt darin, dass während dieses Zeitraumes die Strafverschickung nach der Kolonie Guyana (Cayenne) suspendiert war, und somit sämtliche Verbrecher der weissen Rasse nach Neucaledonien dirigiert wurden. Vom Jahre 1887 an wurden die Transportationen nach Guyana in verstärkter Form wieder aufgenommen, so dass von diesem Zeitpunkte an eine erhebliche Abnahme dieser Verbrecher auf Neucaledonien zu verzeichnen ist.

	Neucaledonien	Guyana	
1896	. 10755	—	Transportierte
1898	9992	—	„
1900	. 8107	—	„
1901	7852	2985	„
1902	—	2720	„

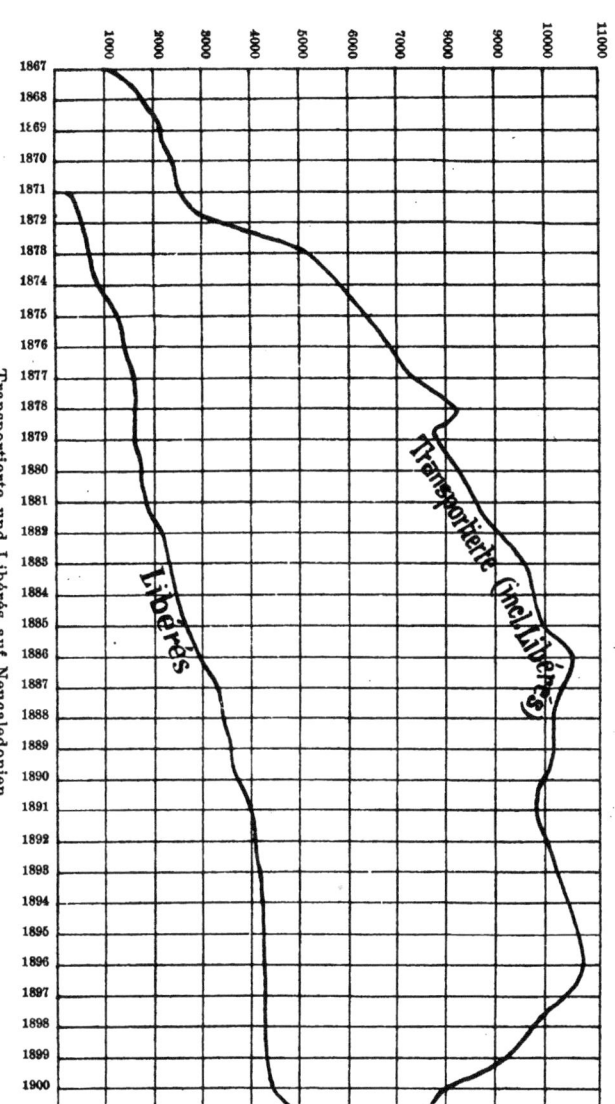

Transportierte und Libérés auf Neucaledonien
(Ergänzung zur Skizze von Bernard, p. 403).

Mit der Abnahme der Transportierten ist ein langsames Aufrücken und stetiges Wachsen der Libérés verbunden. Im Jahre 1900 betrug deren Zahl 4585, im Jahre 1901 5179.

Ebensowenig wie die Deportation der Insel zum Segen und Heile gereichte, kann auch die Transportation auf derselben keine guten Früchte zeitigen und erfolgreiche Resultate aufweisen. Der Zweck dieses Strafvollzuges bleibt immerhin ein sehr fraglicher. Die Schuld daran liegt zum grossen Teile schon im Formalismus des Gesetzes selbst. Dasselbe trägt nämlich einen viel zu idealen Charakter, der nicht auf die menschliche Natur gestimmt ist, da das Gesetz wenig Rücksicht nimmt auf die menschliche Schwachheit. Von gar vielen Sträflingen gelten die Worte Horaz': Luft allein, nicht Herz, vertauscht, wer über das Meer rennt [1]).

Wohl entfernt die Transportation die gefährlichen Elemente aus dem Mutterlande, womit jedoch das Grundübel noch nicht ausgerottet und geheilt ist, und der eigentliche Zweck des Gesetzes zum wenigsten erfüllt wird. Für die Kolonie können und müssen Leute von solchem Schlage nicht minder gefährlich sein. Was sodann weiter die Kolonisation und die Kulturarbeit betrifft, so sind auch hier die ersehnten Erfolge ausgeblieben, und der kulturelle Aufschwung, den man durch diese Massregel zu erzielen hoffte, schreitet nur langsam voran. Trotz aller Bemühungen und Massnahmen wuchs kein kräftiges, arbeitsfreudiges, unternehmungslustiges Geschlecht heran, das eine Stütze des Staates sein konnte und für Kolonisationszwecke zugänglich

---

1) Caelum non animum mutant, qui trans mare currunt. Horaz Epist. lib. I 9, 27.

und leicht empfänglich war. Besonders viel Enttäuschung erlebte man mit den sogen. „Concessionaires" und den „Libérés", worauf man die schönsten Hoffnungen gesetzt hatte, und die stufenweise dem Leben in der Freiheit angepasst worden waren. Diese sozusagen privilegierten Verbrecher, denen viele Rechte zugestanden waren, und die sehr leicht eine gesellschaftliche Stellung erringen konnten, missbrauchten vielfach ihre Freiheit und vermehrten später nur die Reihen des Proletariats und der arbeitsscheuen Vagabundenarmeen. Ihre Ehen, zu denen sich der Transportierte mit einer Kollegin entschliessen konnte, wurden öfters nur allzu leichtfertig geschlossen und standen vielfach unter dem sittlichen Niveau. Ein unbefangener Beobachter und gewiegter Kenner dieser strafrechtlichen Verhältnisse steht nicht an, vom Zentrum der Transportation zu erklären: Bourail est un milieu corrompu et corrupteur [1]. Nicht minder schmeichelhaft und bezeichnend ist folgendes Urteil: Les ivrognes sont surtout les libérés. Les condamnés, bien que divisés en plusieurs classes suivant leur conduite, ne tardent pas, peu après leur arrivée, à se perdre complètement quand la chose n'est point faite auparavant. C'est l'enfer qui commence pour lui; l'air vicié qu'il respire, l'imprègne peu à peu [2].

c) Die Relegation.

Die dritte grosse Verbrecherarmee Neucaledoniens, die in naher Beziehung zu der vorhergehenden überseeischen Strafvollstreckung steht und manche

---

1) Bernard, p. 423.
2) Legrand, p. 17.

Berührungspunkte mit ihr hat¹), bildet die Gruppe der Relegierten. Die Relegation ist, wie es das Gesetz vom 27. Mai 1885 besagt: „La Relégation est une peine supplémentaire, s'ajoutant obligatoirement à la peine principale encourue par certains récidivistes"; dieser Strafvollzug besteht im: „l'internement perpétuel avec, en principe, obligation du travail, sur le territoire des colonies ou possessions françaises". Dieses Gesetz bezweckt in erster Linie die Bekämpfung der Kriminalität durch lebenslängliche Expatriierung der unverbesserlichen Verbrecher und Rückfälligen mit eingewurzelt verbrecherischem Hang (les relégués récidivistes), um sie durch dauernde Ansiedelung in den Kolonien den kolonialwirtschaftlichen Zwecken und Bestrebungen dienstbar zu machen ²).

Schon lange vor der Einführung und dem Erlass des Gesetzes wurden Stimmen zu seinen Gunsten laut, und einige Gesetzparagraphen datieren seit der Revolutionszeit. Durch die Gesetze vom 25. Sept. 1791, 24. vendémiaire, 11. brumaire des Jahres II wurden wiederholt Versuche gemacht, diesen Strafvollzug als Gesetzesvorlage einzubringen, jedoch ohne Erfolg. Auch das Gesetz vom 30. Mai 1854, das die Transportation als Modus des Strafvollzuges für lebensläng-

---

1) Teisseire, La transportation pénale et la relégation. Paris 1893, p. 151. — La peine ne diffère pas beaucoup de la transportation: „On a mis dans les expressions une différence qu'on n'a pas pu ou pas voulu mettre dans les choses." — Bernard, p. 398.

2) Le Sueur, Grande Encycl. Art. Relégation. Nicht immer wird der Unterschied zwischen den drei verschiedenen Strafsystemen streng auseinandergehalten und betont. So finden wir z. B. in den Konversationslexika von Meyer und Brockhaus den Begriff Deportation für Relegation eingesetzt und vertauscht.

liche Zwangsarbeit sanktionierte, enthielt schon manche Bestimmung der späteren Relegation[1]). Im Jahre 1885 (27. Mai) trat dann das heute noch geltende Relegationsgesetz in Kraft.

Wie schon hervorgehoben, ist die Relegation eine Ergänzungs- und Supplementstrafe, die der Hauptstrafe angehängt und hinzugefügt wird. Verhängt wird sie durch das rechtskräftige Urteil der ordentlichen Gerichte, ohne deren Urteilsspruch die Relegation nicht erfolgen kann[2]).

Diese Strafe wird verhängt über jedes Individuum, die Frauen nicht ausgenommen, welches innerhalb eines Zeitraumes von 10 Jahren, in welche Zeit die Strafjahre nicht mit einbegriffen sind:

1. zwei Verurteilungen zu Zwangsarbeit oder zu Zuchthaus sich zugezogen hat; oder

2. neben einer solchen Strafe noch wegen schwerer Verbrechen einmal zu Gefängnis, oder zu mehr als 3 Monaten Haft, wegen Diebstahls, Betrug, Unterschlagung, Vergehen gegen die Sittlichkeit, wegen Vagabundierens, Bettelei oder Arbeitsscheu verurteilt ist.

---

1) Lebenslänglicher Aufenthaltszwang in der Strafkolonie nach Verbüssung der Strafe, jedoch ohne Arbeitszwang, war demjenigen beschieden, dessen Strafe die Dauer von 8 Jahren überschritt.

2) Art. 3 des betreffenden Gesetzes besagt: Cette peine ne peut être prononcée que par les juridictions de droit commun (tribunaux correctionnels, cours d'appel, cours d'assises, sauf cependant les conseils de guerre d'Algérie pour les indigènes des territoires de commandement) et pour des délits de droit commun ce qui exclut les crimes et délits politiques ou délits connexes. Indessen erwähnt das Gesetz vom 19. Dez. 1893 (sur les associations de malfaiteurs) und dasjenige vom 28. Juli 1894 (sur les menées anarchistes) gewisse Ausnahmefälle, wo die Relegation eine fakultative ist.

3. Ferner wird die Strafe verhängt über die „Unverbesserlichen" auf Grund einer Anzahl von Vorstrafen. Unter diese Kategorie fallen diejenigen, die vier Verurteilungen zu Gefängnis erlitten haben wegen qualifizierter Verbrechen, oder eine mehr als dreimonatliche Haft wegen der vorgenannten strafbaren Handlungen. Unter Umständen kann auch nach sieben verschiedenen Verurteilungen die Relegation verhängt werden, wenn nur zwei davon wegen solcher Verbrechen und Vergehen und zwar auf mehr als drei Monate erfolgt sind. Der Relegation werden nicht unterworfen diejenigen, die nach Ablauf der Hauptstrafe noch nicht das 21. Lebensjahr erreicht oder das 60. Lebensjahr bereits überschritten haben.

Ihrer Natur nach unterscheidet man eine zweifache Relegation: Eine individuelle und eine kollektive. Die Häftlinge der ersten Klasse werden nicht einer speziellen Strafanstalt überwiesen, sondern sie geniessen eine gewisse Freiheit und Selbständigkeit, jedoch mit einigen Einschränkungen und Kautelen. Frei von Arbeitszwang, dürfen sie ihren Wohnsitz ohne behördliche Genehmigung und Erlaubnis nicht ändern. Auch müssen sie innerhalb bestimmter Zeiträume ihre Pässe der Behörde zur Einsicht vorlegen. Prinzipiell steht ihnen allein das Recht der Länderkonzession zu, deren Erwerb auf dieselbe Art und Weise sich vollzieht, wie bei den Transportierten. Da diese Art der Relegation mit ihren verschiedenen Vorrechten immerhin eine gewisse Vergünstigung bedeutet, so kann dieses Privileg infolge mangelhafter Aufführung wieder entzogen und dessen Inhaber durch Rückversetzung in die untere Klasse (kollektive R.) degradiert werden. Verschieden davon ist die collect. R. die einen viel strengeren Charakter trägt. Die betr.

Sträflinge sind einer festen Ordnung und Disziplin unterworfen, müssen in Gefängnissen interniert sein, wo harte Zwangsarbeit auf ihnen lastet.

Als Strafort für die individuelle Relegation kann prinzipiell jede Kolonie angewiesen werden. Meist jedoch verweigern die Kolonien, wie leicht begreiflich, aus Utilitätsrücksichten die Aufnahme und Ansiedelung der Verbannten. Als Strafort der zweiten Klasse dienen nur ganz bestimmte Kolonien, und unter diesen hat Guyana einen gewissen Vorzug.

Den Sträflingen und Opfern der Relegation, denen Neucaledonien als Aufenthaltsort angewiesen wurde — am 24. Januar 1887 langte der erste Gefangenentransport in Neucaledonien an — war zuerst die Pinieninsel als Strafort angewiesen, später jedoch wurden sie an der Pronybai angesiedelt.

Relegierte waren auf Neucaledonien:

1887	1124
1891	1641
1900	2570
1901	2611
1902	2454

Der jährliche Zuwachs beträgt im Durchschnitt 3—400 Relegierte.

Zu einer kurzen Kritik der Relegationsstrafe übergehend, dieses Systems langzeitiger Freiheitsstrafen, lässt sich jetzt schon sagen, dass dieser Strafvollzug als Strafmittel sich wenig bewährt und der Kolonie zum geringen Nutzen gereicht hat. Im allgemeinen wird man sich der Ansicht nicht verschliessen können, dass diese Strafe viel zu hart und inhuman ist, ein Gemisch von übertriebener Strenge und Philanthropie. Selbst Leroy-Beaulieu, ein eifriger Verfechter und gewiegter Sachkenner dieses Straf-

systems, muss zugestehen: „Nous ne contestons pas, que la loi nouvelle (1885) soit parfois trop sévère et que si l'on devait expédier à la Guyane les simples délinquants inoffensifs, comme les mendiants, les vagabonds, ou les voleurs ordinaires, il n'y eût là un excès de rudesse, même une inhumanité[1]).

Sodann gehören diese Sträflinge zum grössten Teil zu der Kategorie der Gewohnheitsverbrecher und Rückfälligen; Leute, die zur Unterdrückung unlauterer Wünsche und Begierden schlaff und der Energie entwöhnt sind, und denen eine geregelte Arbeit mit ihrem sittigenden Einfluss wenig zusagt. In der Folgezeit trat denn auch in der Handhabung dieses Gesetzes ein grosser Übelstand zutage, der ein Umlenken in andere Bahnen gebieterisch forderte. Wenn nämlich dieses Gesetz richtig interpretiert und durchgeführt wurde, so musste es naturnotwendig eine rasche Vermehrung und Überproduktion von Relegierten herbeiführen, die ungesunde Verhältnisse und Zustände zur Folge haben mussten. Diese bedauerlichen Begleiterscheinungen traten auch nur allzubald zutage, wodurch sich die Richter bewogen fühlten, mit der bisherigen Praxis zu brechen und diese Strafe nur in den allerseltensten Fällen eintreten zu lassen, wo es das Wohl des Staates und der Gesellschaft unbedingt erheischte. Auf diese Weise wird erreicht, dass die Zahl der Relegierten eine beschränkte bleibt und das Durchschnittsniveau nicht überschreitet.

---

1) Leroy-Beaulieu, p. 526.

Aus den bisherigen Erörterungen konnten wir zur Genüge ersehen, dass Neucaledonien als Strafinsel im Verlauf einer kurzen Geschichtsperiode das Versuchsobjekt und der Schauplatz dreier verschiedener überseeischer Strafvollstreckungen gewesen ist, von denen jedoch in der Neuzeit nur noch zwei in Frage kommen. Da nämlich die Deportation längst aufgehoben ist, so hat sie nur noch geschichtliches Interesse. Weit wichtiger und von der grössten Tragweite sind und bleiben vorläufig die beiden anderen Kategorien des Strafvollzuges: nämlich die Transportation und die Relegation, wovon wiederum die erstere das Übergewicht hat. Fragen wir nun nach den Resultaten und den Segnungen, die diese Strafsysteme, die ja mit der kulturellen Entwicklung dieser Kolonie aufs engste verknüpft sind, auf der Insel besonders nach der kolonialwirtschaftlichen und kolonisatorischen Seite hin geschaffen und hervorgebracht haben, so kommen wir trotz mancher anerkennenswerter Schöpfungen und Ergebnisse doch zu einem unerfreulichen, mehr negativen Schlussresultat, das düstere Ausblicke in eine fernere Zukunft bietet.

Mag ja immerhin auch heute noch im gewissen Sinne das pathetische Wort von Lamartine Geltung und Berechtigung haben: Toutes les nations ont senti la necessité de rejeter leur écume sur les rivages éloignés et de constituer, pour ainsi parler, le juste ostracisme des scélérats, afin d'assurer la sécurité des bons citoyens[1]; so lässt sich anderseits doch nicht leugnen, dass eine strikte Durchführung dieser Worte für unsere Zeitverhältnisse ein unerreichbares Ideal bedeutet, das sich schwer durchführen und realisieren

---

1) Bernard, p. 443.

lässt. Auch die Lobeshymne, die Leroy-Beaulieu auf die englische Deportation anstimmt, klingt zweifelsohne übertrieben und ist nur in hyperbolischem Sinne aufzufassen: Sans la déportation, l'Australie serait une terre abandonnée aux Kangourous [1]). Dieser gelehrte Nationalökonom hat sich besonders auf diese überseeische Strafvollstreckungen eingeschworen. Jedoch will er diese Strafverschickungen nur an ganz bestimmte Bedingungen geknüpft wissen, wenn sie erfolgreich wirken sollen. Er entwirft deshalb folgendes Kolonisationsprogramm für Neucaledonien mit diesen Worten: Si l'on veut que la Nouvelle-Calédonie prospère comme colonie pénale, il faut remplir trois conditions: 1. c'est de n'y déporter les criminels les plus invétérés, ni les plus mous et les plus indolents. Ceux-ci devraient être dirigés vers la Guyane et ceux-là gardés dans les maisons centrales. — 2. c'est d'amener à peu près autant de femmes que d'hommes pour pouvoir fonder des familles. — 3. enfin, c'est de pratiquer le régime de l'assignement [2]). In unserer modernen Zeit hat sich zweifelsohne die Strafverschickung und Strafbesiedelung, wie sie sich auf Neucaledonien vollzieht, schon längst überlebt und ist gegen das allgemeine Empfinden des Volkes gerichtet. Für Neucaledonien speziell bilden die Strafkolonien eine Wunde, an der die Insel schon lange kränkelt und leidet. Obwohl mancher Übelstand abgeschafft, manche Verfügungen und Anordnungen zum Nutzen und Wohl der Verbannten getroffen wurden, so bietet die Kolonie doch immer wieder das bekannte trübe Bild dar. Von Geographen, Kriminalisten und Nationalökonomen all-

---

1) Leroy-Beaulieu, p. 525.
2) Leroy-Beaulieu, p. 576.

gemein verurteilt und gerichtet, wäre gewiss im Interesse des kulturellen Fortschrittes der Kolonie zu wünschen, wenn das Beispiel und Kulturideal Englands, das ja bei der Einführung der Deportation auf Frankreich bestimmend eingewirkt hat und vorbildlich war, auch jetzt von Frankreich befolgt und nachgeahmt würde, und es die überseeische Strafvollstreckung allmählich aufgeben wollte[1]).

Denn nur auf diese Weise kann eine gefährliche Krisis überwunden und der freien Kolonisation zur kräftigen Entfaltung verholfen werden[2]). Die Misserfolge dieser Strafverschickung, die offen zutage treten, lassen sich nicht beschönigen und vertuschen und sind sowohl ethischer, kriminalistischer und finanzieller Natur. Von der Erreichung des Endzieles sind alle diese Strafsysteme mehr oder weniger entfernt und sie erfüllen die hauptsächlichsten Zwecke nicht

---

1) Die englischen „Convicts" in Neusüdwales bestanden von 1788—1840, in Tasmanien bis 1853 und in Westaustralien bis 1868. — Bernard, p. 437. Von europäischen Ländern haben ausser Frankreich noch Spanien, Portugal und Russland dieses Strafsystem d. h. die Transportation beibehalten.

2) Den grössten Teil des Kulturlandes hat die Regierung an sich gezogen und den Strafkolonien zur Verfügung gestellt. Eine Besserung der Verhältnisse ist hier schon eingetreten, indem durch Dekret vom 8. Dez. 1903 Gebietsteile auf der Insel Ouen (3700 ha) und an der Pronybai (19654 ha), die früher in den Händen der Strafverwaltung war, der freien Kolonisation freigegeben werden. — Q. Col. 1903. Einen wie langsamen Gang die Kolonisation auf der Insel macht, zeigt zur Genüge das nur sehr mässige Anwachsen der freien Bevölkerung, der eigentlichen Kolonisten. Vom Jahre 1856 an, wo die ersten Ansiedler eintrafen, bis zum Jahre 1892, also in einem Zeitraum von fast 50 Jahren, war die freie Bevölkerung auf kaum 7000 Seelen angewachsen. 1901 belief sich ihre Zahl auf 12,253. — Bernard, p. 387.

im mindesten oder doch nur zum allergeringsten Teil; nämlich die Einschüchterung und die Gerechtigkeit. Gedachte man früher voll Angst und Entsetzen des qualvollen Martyriums in den unseligen Strafanstalten, so haben diese neuerdings viel von dem gewaltigen Schrecken und mysteriösen Zauber, der ihrem Namen stets vorausging, eingebüsst und verloren; und für manchen Verbrecher ist dieses anmutige und entzückende Eiland ein angenehmer Aufenthaltsort und eine Art Versorgungsanstalt und Invalidenheim.

Ferner muss jeder unbefangene Beobachter zugestehen, dass durch die Strafverschickung auch viel gegen die Gerechtigkeit gesündigt wird, indem das Strafmass oft in keinem Verhältnis zur Schwere resp. zur Geringfügigkeit der Straftat steht. Manche dieser Gesetze sind im allgemeinen nicht nur zu streng, sondern in gewissen Fällen direkt als inhuman und drakonisch anzusehen. Weiter herrscht in vielen Strafbestimmungen ein allzu starker Formalismus, der es nicht ermöglicht, den individuellen Verhältnissen und Neigungen der Sträflinge Rechnung zu tragen.

Dazu kommt ferner die finanzielle Seite dieser Frage, der Kostenpunkt, der durchaus nicht ausser acht zu lassen ist. Wie bekannt und leicht erklärlich, verschlingen diese Strafkolonien mit ihrem Beamtenheer ganz enorme Summen, die die Steuerzahler des Mutterlandes aufbringen müssen. Bis jetzt haben jedenfalls die Hunderte von Millionen Franken, die Frankreich seit der Erwerbung dieser Kolonie für Neucaledonien ausgegeben hat, keine nennenswerten Zinsen getragen.

Auch die Heranbildung und Erziehung der Sträflinge zu strebsamen, arbeitsamen und gesitteten Kolonisten und Staatsbürgern, wie es in der Tendenz des

Gesetzes lag, hat ein klägliches Fiasko erlitten, und dieses System hat sich auch in dieser Hinsicht im allgemeinen nicht bewährt. Und wie sollte es auch anders möglich sein? Zur Kolonisation sollen nur die besten, tüchtigsten und erprobtesten Elemente herangezogen werden, wie das bei der Schwierigkeit und Wichtigkeit der Sachlage ja selbstverständlich ist, da die Gefahr der Ansteckung der besseren Elemente durch die schlechteren hier besonders gross ist. Nicht zu unterschätzen ist auch die moralische Einwirkung der Strafkolonien auf die Eingeborenen. Welchen Begriff von der geistigen und sittlichen Höhe und kulturellen Überlegenheit der europäischen Völker müssen nämlich diese Naturvölker erhalten, wenn sie Leuten begegnen, die den Sittenkodex über Bord geworfen haben, die aus der Gesellschaft der Menschen ausgestossen an die friedlichen Gestade Neucaledoniens geführt und geleitet worden sind, wo viele von ihnen ein Jammerleben führen[1]).

Mochten auch früher, wo verschiedene Ursachen massgebend waren, solche Zustände gerechtfertigt erscheinen, ja mochte man ihnen eine gewisse Billigung nicht versagen können in einer Zeit, wo die Insel als ein gesundes, unfruchtbares und ausgedehntes Eiland gegolten hat. Heute jedoch muss das Wort Sievers ganz besonders betont werden[2]): „dass diese Rolle Neucaledoniens als Strafkolonie jedem wirklichen Fort-

---

1) Die Eingeborenen verschmähen es vor allem, eheliche Verbindungen mit den Sträflingen der Deportationskolonie einzugehen; sie haben zuweilen sogar ihre Töchter getötet, weil diese eine Ehe mit den von den Weissen selbst als unwürdig betrachteten Deportierten geschlossen hatten. — Sievers, II. Aufl., p. 331.

2) Sievers, p. 450.

schritt ein Hindernis bereitet hat, sowohl der Assimilierung der Eingeborenen[1]), als der Einwanderung freier Weisser, wie auch der Entwickelung des Ackerbaues, des Handels und jeglichen Erwerbszweiges." Reform tut deshalb hier dringend not. Leuten, nämlich von zweifelhafter Vergangenheit, Abkömmlingen von Sträflingen und Verbrechern, wird man immer mit einer gewissen Scheu und Reserve begegnen, und so lassen diese einen ehrsamen Bürgerstand nicht aufkommen. Viele zum ständigen Aufenthalt verurteilt, treiben sich subsistenzlos auf der Insel umher zur Beunruhigung und Gefährdung der friedlichen Bewohner und eine Friktion beider Gesellschaftselemente ist unvermeidlich.

Gewiss, Neucaledonien ist zwar der Zivilisation erschlossen; solange es aber der Transportation dient und der freien Kolonisation keine Begünstigung zuteil wird, so lange wird diese Südsee-Insel, welche

---

1) Eingeborene gab es im Jahre 1901 29106. Im Jahre 1901 betrug die Gesamtbevölkerung der Insel: Freie Europäer 12253, Sträflinge 10056, Eingeborene 29106. Total 51415. Die Eingeborenen oder Kanaken sind dem Untergange geweiht und sterben langsam aus. 1862 waren es noch 41880, 1876 35301, 1887 42519 (Peterm. Mitt. 1880—1892). Von diesen Eingeborenen sagt Reclus, p. 701: Man darf daher nicht hoffen, dass die Mischlingsbevölkerung nach und nach durch neue Verbindungen die neucaledonischen Eingeborenen in sich aufsaugen werde, sondern die Kanaken werden ohne Zweifel als Rasse ganz aussterben. Nach einigen Generationen werden sie kein besonderes Bevölkerungselement mehr bilden und man wird keine anderen Spuren ihres Aufenthaltes auf der Insel mehr bemerken als die schönen von ihnen ausgeführten Bewässerungsanlagen an den Gehängen der Hügel. Auch wenden sich fast alle von den Missionaren der katholischen Kirche zugeführten Mischlinge von den Sitten und Gebräuchen ihrer Vorväter ab. — Sievers, p. 449.

Aussicht in sich birgt, eine blühende Kolonie zu werden, von jeder gedeihlichen Entwickelung ausgeschlossen sein [1]).

---

1) Graf Lanjus, Peterm. Mitt. 1893, p. 128. — Blondel, H., Le régime du travail et la colonisation libre dans nos colonies et pays de protectorat, Paris 1895. — Hassert, K., Deutschlands Kolonien, Leipzig 1898. — Zimmermann, A., Die Kolonialpolitik Grossbritanniens, II. Teil, Berlin 1899. — idem, Die Kolonialpolitik Frankreichs von den Anfängen bis zur Gegenwart, Berlin 1901. — Korn, A., Ist die Deportation unter den heutigen Verhältnissen als Strafmittel verwendbar? Von der Holtzendorf-Stiftung mit dem Preis gekrönte Arbeit. Berlin 1898. — Pain, Maurice, Colonisation pénale, Paris 1899. — Piolet, J. B., La France hors de France. Notre émigration, sa nécessité — ses conditions. Paris 1900.

Importations 1900. (Annuaire de la N. C.)

Nature des denrées et marchandises	Denrées et marchandises françaises importées Totaux Valeurs Frcs.	Denrées et marchandises étrangères importées Totaux Valeurs Frcs.	Totaux généraux Valeurs Frcs.
Animaux vivants	1 639	414 463	416 102
Produits et dépouilles d'animaux	114 905	520 080	634 985
Pêches	53 169	54 209	107 378
Substances animales propres à la parfumerie	1 000	431	1 431
Matières dures à tailler	—	1 990	1 990
Farineux alimentaires	260 718	1 391 622	1 652 340
Fruits et graines	27 378	71 056	98 434
Denrées coloniales de consommation	412 144	429 399	841 543
Huiles et sucs végétaux	107 606	71 267	178 873
Espèces médicinales	4 556	241	4 797
Bois communs et exotiques	431	402 801	403 232
Fruits, tiges et filaments à ouvrer	3 145	9 911	13 056
Teintures et tannins	—	4 346	4 346
Produits et déchets divers	54 557	97 867	152 424
Boissons	2 267 299	38 512	2 305 811
Marbres, pierres, terres et combustibles minéraux	109 633	670 246	779 879
Metaux	347 622	303 528	651 150
Produits chimiques	46 058	68 561	114 619
Teintures préparées	1 041	4 915	5 956
Couleurs	15 774	22 325	38 099
Compositions diverses	134 247	44 770	179 017
Poteries, verres et cristaux	82 135	31 453	113 588
Fils	38 182	87 059	125 241
Tissus	720 001	345 980	1 065 981
Papiers et ses applications	147 070	36 022	183 092
Peaux et pelleteries ouvrées	195 555	110 963	306 518
Ouvrages en métaux	489 006	494 443	983 449
Armes, poudres et munitions	99 674	45 772	145 446
Meubles et ouvrages en bois	40 210	142 115	182 335
Instruments de musique	5 978	3 598	9 576
Ouvrages du sparterie, vannerie	16 979	9 426	26 405
Ouvrages en matières diverses	248 769	186 399	435 168
Totaux	6 046 481	6 115 770	12 162 251
Numéraire	400 000	55 000	455 000
Totaux généraux	6 446 481	6 170 770	12 617 251

Exportations 1900.

Nature des denrées et marchaudises	Denrées et marchandises du cru de la colonie exportées	Denrées et marchandises provenant de l'importation		Totaux généraux
		françaises exportées	étrangères exportées	
	Totaux	Totaux	Totaux	Totaux
	Valeurs Frcs.	Valeurs Frcs.	Valeurs Frcs.	Valeurs Frcs.
Animaux vivants	400	—	—	400
Produits et dépouilles d'animaux	364 837	2 329	11 338	378 504
Pêches	22 581	678	1 053	24 312
Matières dures à tailler	83 615	—	—	83 615
Farineux alimentaires	52 643	6 519	20 731	79 893
Fruits et graines	420 684	158	112	420 934
Denrées coloniales de consommation	555 612	4 093	11 037	570 742
Huiles et sucs végétaux	186 607	1 931	250	188 788
Bois	9 984	—	15 425	25 409
Fruits, tiges et filaments à ouvrer	—	—	350	350
Produits et déchets divers	8 014	2 280	8 388	18 682
Boissons	3 357	34 440	1 939	39 736
Pierres, terres et combustibles minéraux	11 775	580	66 873	89 228
Métaux	6 797 285	3 471	13 846	6 814 602
Produits chimiques	—	283	711	994
Couleurs	530	263	1 124	1 917
Compositions diverses	160	1 889	406	2 455
Poteries, verres et cristaux	150	2 338	651	3 139
Fils	—	278	80	358
Tissus	—	10 599	2 685	13 284
Papier et ses applications	40 145	5 782	100	46 027
Peaux et pelleteries ouvrées	—	1 352	728	2 080
Ouvrages en métaux	—	18 627	14 895	33 522
Armes, poudres et munitions	—	13 819	9 929	23 748
Meubles et ouvrages en bois	115	1 041	3 060	4 216
Instruments de musiques	—	60	30	90
Ouvrages de sparterie et de vannerie	—	268	28	296
Ouvrages en matières diverses	6 772	1 557	4 046	12 375
Totaux	8 565 266	114 635	189 815	8 869 716

V. Literatur.

Annales de Géographie, Paris.
Annuaire de la Nouvelle-Calédonie-Nouméa.
Attlmeyr, F., Handbuch der Ozeanographie und maritimen Meteorologie, 2 Bde., Wien 1883.
Bernard, A., L'archipel de la Nouvelle-Calédonie, Paris 1895. Eine umfassende, streng wissenschaftliche Darstellung Neucaledoniens mit staunenswerter Literaturkenntnis, die die voraufgegangene einschlägige Literatur wesentlich berücksichtigt.
G. v. Boguslawski - O. Krümmel, Handbuch der Ozeanographie, 2 Bde., Stuttgart 1884—87.
Bougainville, A. de, Voyage autour du Monde, 2. Bd., Neuchâtel 1773.
Jacob de Cordemoy, A., Les produits coloniaux d'origine animale, Paris 1903.
Credner, H., Elemente der Geologie, Leipzig 1887.
La Dépêche coloniale illustrée, Paris.
Deutsche Rundschau für Geographie und Statistik von Fr. Umlauft, Wien.
Dictionnaire de la Géographie universelle par Vivien de Saint-Martin, Paris 1879.
Diezmann, A., Malerische Reise um die Welt, 2 Bde., Leipzig 1835—37.
Diplomatic and Consolar Reports Trade of New-Caledonia, London.
Drude, O., Handbuch der Pflanzengeographie, Stuttgart 1890.
Eckert, M., Grundriss der Handelsgeographie, 2 Bde., Leipzig 1905.
Egli, J., Nomina Geographica, 2. Aufl., Leipzig 1893.

La Grande Encyclopédie. Inventaire raisonné des sciences, des lettres et des arts par une société de savants et de gens de lettres, Paris.

Geographisches Jahrbuch, H. Wagner, Gotha.

Geographische Zeitschrift, A. Hettner, Leipzig.

Glasser, M. E., Richesses minérales de la Nouvelle-Calédonie, Paris 1904.

Grisebach, A., Die Vegetation der Erde nach ihrer klimatischen Anordnung, Leipzig 1872.

Hann, J., Handbuch der Klimatologie, 3 Bde., 2. Aufl., Stuttgart 1897.

Jumelle, Henri, Les cultures coloniales — Plantes industrielles et médicinales, Paris 1901.

— Les cultures coloniales — Plantes alimentaires, Paris 1901.

Koloniale Zeitschrift, R. Meinecke, Berlin.

Laurent, L., Les produits coloniaux d'origine minérale, Paris 1903.

Legrand, M. A., Au pays des Canaques — La Nouvelle-Calédonie, Paris 1893.

Leroy-Beaulieu, De la colonisation chez les peuples modernes, Paris 1891.

Levasseur, E., La France avec ses colonies, Paris 1881.

Leunis, Joh., 1. Synopsis der Tierkunde, 3. Aufl. Ludwig, 2 Bde., Hannover 1883.

— 2. Synopsis der Mineralogie und Geognosie, Hannover, 2 Bde., 1875.

— 3. Synopsis der Pflanzenkunde, 3. Aufl. Frank, 3 Bde., Hannover 1883.

Mahan, A. T., Der Einfluss der Seemacht auf die Geschichte, Berlin 1896.

Meteorologische Zeitschrift, Hann und Hellmann, Wien.

Neumayr, M., Erdgeschichte, 2 Bde., 2. Aufl., Leipzig und Wien 1895.

Pauly-Wissowa, Real-Enzyklopädie des klassischen Altertums, Stuttgart 1899.

Pelatan, L., Les mines de la Nouvelle-Calédonie, Paris 1892.

Peschel-Krümmel, Europäische Staatenkunde, Leipzig 1880.

Petermanns Mitteilungen, Supan, Gotha.

La Quinzaine coloniale, Paris.

Rambaud, A., La France coloniale, Paris 1885.

Ratzel, Friedrich, Die Erde und das Leben, 2 Bde., Leipzig und Wien 1901—02.
— Politische Geographie, München und Berlin 1903.
Reclus, E., Nouvelle géographie universelle. La terre et les hommes Bd. XIV. Océan et Terres océaniques, Paris 1889.
v. Richthofen, F., Führer für Forschungsreisende, Berlin 1886.
Ritter's geographisch-statistisches Lexikon, 2 Bde., 1874, 6. Aufl., Leipzig.
Roth, J., Allgemeine chemische Geologie, 2 Bde., Berlin 1879—87.
v. Scherzer, Karl, Das wirtschaftliche Leben der Völker, Leipzig 1885.
Schleiden, M. J., Das Meer, Braunschweig, 3. Aufl. v. Voges, 1888.
Scobel, A., Geographisches Handbuch, 4. Aufl., Bielefeld und Leipzig 1902.
Semler, H., Die tropische Agrikultur, 4 Bde., Wismar 1887—93.
Sievers, W., Australien und Ozeanien, Leipzig und Wien 1895.
Sievers-Kükenthal, Australien, Ozeanien und Polarländer, II. Aufl., Leipzig und Wien 1902.
Supan, A., Grundzüge der physischen Erdkunde, 3. Aufl., Leipzig 1903.
— Die Bevölkerung der Erde, Erg.-Heft zu Peterm. Mitteil., Gotha 1904.
Suess, E., Das Antlitz der Erde, 3 Bde., Wien 1883—1901.
Tableau général du Commerce et de la Navigation I. volume — Commerce de la France avec ses Colonies et les puissances étrangères, Paris.
The Statesman's Year — Book, London.
Treu, Max., Strafjustiz, Strafvollzug und Deportation, Leipzig 1905.
Wagner, H., Lehrbuch der Geographie, 1. Bd., 7. Aufl., Hannover und Leipzig 1903.
Woeikof, A., Die Klimate der Erde, 2 Bde., Jena 1887.
Zehden, K., Handelsgeographie, Wien 1898.